# Wer sagt, dass Kinder glücklich machen?

Von Müttern und Vätern am Rande des Nervenzusammenbruchs

Eva Gerberding, Evelyn Holst

# Wer sagt, dass Kinder glücklich machen?

## Von Müttern und Vätern am Rande des Nervenzusammenbruchs

Mit Illustrationen von Til Mette

südwest

# Inhalt

MIX
Papier aus verantwortungsvollen Quellen
FSC® C014496

Verlagsgruppe Random House FSC-DEU-0100
Das für dieses Buch verwendete FSC®-zertifizierte Papier *Munken premium cream* liefert Arctic Paper Munkedals AB, Schweden

ISBN 978-3-517-08767-2


**Programmleitung:** Silke Kirsch
**Projektleitung:** Esther Szolnoki
**Lektorat:** Birgit Dauenhauer, Regensburg
**Bildredaktion:** Sabine Kestler
**Illustrationen:** Til Mette aus »Papa wann sind wir da?«, Lappan Verlag 2009
**Umschlaggestaltung:** Katja Muggli, München, unter Verwendung einer Illustration von Til Mette
**Layout und Satz:** Nadine Thiel | kreativsatz, Baldham

**Druck und Verarbeitung:** GGP Media GmbH, Pößneck

Printed in Germany

817 2635 4453 6271

www.suedwestverlag.de

*Wenn sie klein sind, möchte man sie am liebsten aufessen.*
*Wenn sie größer sind, bedauert man, es nicht getan zu haben.*

Spanisches Sprichwort

UNSER BABY HABEN WIR ZUHAUSE GELASSEN. ABER WIR HABEN EINEN BABY-MONITOR MIT. DER HAT EINE REICHWEITE VON 5000 KM. DA HÖREN WIR SOFORT WENN'S SCHREIT!
I ♥ HB
TIL

# Eltern werden ist nicht schwer, Eltern sein dagegen sehr

Moskau. Eine kleine Zweizimmerwohnung. Ich (Eva Gerberding) interviewe gerade die Gulag-Überlebende Irina W. für eine *arte*-Dokumentation. Die über Achtzigjährige erzählt Schreckliches über ihre Zeit im Straflager. Plötzlich geht eine Tür auf, ein grauhaariger Mann im Pyjama schlurft grußlos an uns vorbei. »Wer ist das?«, frage ich. Die alte Russin seufzt tief. »Das ist mein Sohn Fjodor«, sagt sie. »Seine zweite Frau hat ihn gerade rausgeschmissen und weil er arbeitslos ist und säuft, hat er kein Geld. Deshalb ist er wieder bei mir eingezogen.«

Okay, wir sind nicht in Russland und dieser Fall ist sicherlich extrem. Aber was ihn für uns interessant machte, ist die Frage, die er aufwirft: Wer sagt eigentlich, dass Kinder (immer) glücklich machen?

Niemand. Trotzdem lieben wir unsere Kinder. Sehr sogar. Mehr als alles auf der Welt. Als sie Babys waren, standen wir nachts an ihren Betten, aus Angst, sie würden aufhören zu atmen. Später, als Teenies, ertrugen wir ihre schlechte Laune, vermüllte Kinderzimmer und das Wissen, dass sie uns oft auf den Mond wünschten. Wir sie übrigens auch. Während der Pubertät hatten wir oft das Gefühl, nur als »Portemonnaie auf zwei Beinen« geschätzt zu werden. Und heute sind wir froh, wenn sie uns nur halb so oft sehen wollen wie wir sie.

Jedes Stadium ist unterschiedlich, jedes hat unfassbar schöne Seiten, aber auch viele, die unserer Magenschleimhaut und unserer Seele weniger guttun. Ja, der Gedanke überfällt uns manchmal: Ginge es mir ohne Kinder nicht viel besser? Das darf man höchstens denken, es auszusprechen, ist natürlich bei Todesstrafe verboten. Eines der letzten Tabus. Warum eigentlich? Wir wagen die Behauptung, dass die meisten Eltern Momente der restlosen Überforderung und Verärgerung genauso gut kennen wie Momente, in denen ihnen beim Anblick ihrer Kinder das Herz stehen bleibt vor Stolz und Liebe. Beides gehört zum Elternsein, beides ist völlig normal.

Mütter wie Väter sind heute enormem Druck ausgesetzt: Es wird eine perfekte Erziehung der Kinder erwartet, geistig intellektuelle wie emotionale Bildung ist gefragt, damit die Kinder zu den Leistungsträgern der Zukunft werden können. Glücklich, sportlich, klug und erfolgreich sollen die Kinder sein. An diesem Ziel wird gemessen, ob Mutter und Vater es richtig gemacht haben, ob sie gute oder Rabeneltern sind. »Am Ende des Lebens ist nicht entscheidend, wie viel wir beruflich geleistet haben«, sagte Jackie Onassis einmal, »sondern ob wir ein gutes Verhältnis zu unseren Kindern hatten. Wenn nämlich nicht, ist der Rest unwichtig.« Sind also immer die Eltern schuld?

Seien wir doch einmal ehrlich: Erziehungsarbeit ist Schwerstarbeit. Sie erfordert Kraft, Ausdauer, Verzicht, Frustrationsfähigkeit, Leidenschaft, Aufmerksamkeit, Präsenz, Konsequenz und vieles, vieles mehr. Und das alles ohne Ausbildung und Erziehungsführerschein. Und niemand lobt einen dafür, niemand sagt: »Also, wie du deine Kinder erzogen hast – Hut ab!« Und vor allem sagt einem niemand, dass es nie aufhört.

Ja, es stimmt: Eltern werden, ist nicht schwer, Eltern sein dagegen sehr! Deshalb will dieses Buch Ratgeber und Trostschrift zugleich sein, auf jeden Fall ein verständnis- und humorvoller Begleiter. Es möchte Müttern und Vätern zeigen, wie sie sich selbst, den Partner und letztendlich auch ihre Kinder durch unrealistische Glückserwartungen belasten und überfordern. Wir, zwei Mütter, die mit ihren eigenen Kindern durch Himmel und manchmal Hölle gegangen sind, sprechen aus und lassen von anderen betroffenen Eltern erzählen, was immer noch ein großes Tabu ist. Nämlich dass Elternsein das größte vorstellbare Glück, aber auch der größte vorstellbare Stress sein kann. Und manchmal auch das größte vorstellbare Unglück. Wir berichten von Pleiten, Pech und Pannen im Erziehungsalltag. Fühlen wir uns alle nicht gleich viel besser, wenn wir davon lesen und feststellen, dass wir damit nicht allein sind? Plötzlich erscheint das eigene Kind nicht mehr so problematisch. Und alles relativiert sich wieder.

Ihre
Eva Gerberding und Evelyn Holst

WIE SIEHST DU DENN AUS? HÄTTEST DU NICHT ADOPTIEREN KÖNNEN?
TIL

# »Jedem Anfang wohnt ein Zauber inne« – Schwangerschaftsfantasien

»Warum zeugt man ein Kind? Aus Liebe, aus Langeweile und aus Angst vor dem Tod. Die drei wesentlichen Bestandteile des Lebens. Kinderzeugen ist allgemein verständlich, und doch kennen nur wenige Eltern die Wahrheit: Es ist das Ende des Lebens.« So schreibt die Französin Éliette Abécassis in ihrem Roman *Ein freudiges Ereignis*. Klingt ein bisschen anders als das, was bei uns an Schwangerschaftslektüre nach dem Motto »Hurra, endlich schwanger!« in den Regalen der Buchhandlungen steht. Aber die Französin als solche ist nicht nur eleganter und besser frisiert als die deutsche Mutti, sondern auch etwas realistischer und zynischer. Deswegen bekommt sie trotzdem Kinder, im Schnitt sogar fast doppelt so viele wie unsere mageren 1,4 (wie sieht eigentlich ein 0,4-Kind aus?), aber sie ist dabei nicht sentimental, lechzt nicht so gefühls- und hormontriefend nach dem rosa Bündel mit den süßen Grübchen wie die deutsche Frau, wenn ihre biologische Uhr TOCK, TOCK, TOCK macht! Sie kriegt einfach Kinder, die sie noch im Windelalter in der »Crèche« abgibt, danach stöckelt sie auf High Heels wieder ins Büro. Ohne den Hauch eines schlechten Gewissens. Frage: Wer hat je eine französische Mami im Schlabberlook auf einem Spielplatz gesehen?

Bei uns dagegen haben Schwangerschaft und Mutterschaft oft etwas Sakrales – zu Recht, denn es ist ein Wunder, wenn ein kleiner Mensch in einem größeren heranwächst. Es ist auch kein esoterischer Quatsch, wenn die werdende Mami »Lass es Liebe sein« singt und in Richtung Bauchnabel fragt: »Na, mein kleiner Schatz, hörst du Rosenstolz auch so gern wie ich?« Die mütterliche Stimme ist nämlich das Eindrucksvollste, was das Ungeborene im Mutterleib hören kann. Über ihre Wirbelsäule und ihr Becken läuft der Ton direkt ins Innenohr des Fötus. Und dabei entstehen Schwingungen, die es fühlen kann. »Das Ungeborene badet regelrecht in der mütterlichen Stimme«, sagt deshalb Ludwig Janus, Psychologe für Pränatales, in *GEOkompakt*. Auch die Körpergeräusche hört das Ungeborene mit, den Herzschlag, das Darmgurgeln, das Rauschen des Blutes, aber nicht nur das, es spürt auch die Befindlichkeit seiner Mutter. Ist sie glücklich, synchronisieren sich nämlich ihre Körpergeräusche, die Bauchdecke wird weich, die Bauchhöhle weit und kuschelig. Ist sie dagegen unzufrieden, wird die Bauchdecke hart und der Fötus zusammengedrückt. Kein Wunder, dass viele Frauen in dieser Zeit zu Heiligen werden, manchmal allerdings zu sehr spaßfreien und übervorsichtigen Heiligen.

Seit Millionen von Jahren werden Frauen schwanger, ohne dass die Welt vor Ehrfurcht stehen bleibt.

Sowie der Schwangerschaftstest positiv ist, darf in Gegenwart der zukünftigen Mami nicht mehr geraucht werden, sie selbst nascht neun Monate lang weder an einem Mon Chéri noch lässt sie sich die Haare färben. Eine völlig überflüssige Vorsichtsmaßnahme, sagen Friseure, auch während der Stillzeit muss Mami nicht mit hässlichem Haarwuchs herumlaufen.

Geht es nicht vielleicht etwas normaler? Seit Millionen von Jahren werden Frauen schwanger, ohne dass die Welt vor Ehrfurcht stehen bleibt. Natürlich ist Schwangersein wunderschön, wenn der richtige Mann auf der zweiten Betthälfte liegt, möglichst gut verdient und auch Lust auf Nachwuchs hat. Und davor – ungeschützter, wilder Sex mit dem Gedanken: Jetzt machen wir ein Baby! Es gibt nichts Besseres!

## Göttertropfen statt Blumenstrauß

Endlich schwanger! Wir wünschen Ihnen von ganzem Herzen, dass Sie, liebe Leserin, dazugehören. Dass Sie nach einer rauschenden Liebesnacht von dem Mann Ihres Lebens schwanger werden, wahrend der Schwangerschaft wie eine blühende Rose aussehen, höchstens fünfzehn Pfund zunehmen, Ihr Baby entspannt *La Paloma* pfeifend auf die Welt bringen und drei Tage später bereits für die jüngere Schwester von Heidi Klum gehalten werden, weil Ihr postnataler Bauch noch straffer ist als ihrer. Natürlich wird Ihr Baby direkt nach seiner beschwingten Geburt durchschlafen, nie in die Pubertät kommen und seinen Eltern immer nur Freude machen. Genauso wie wir bei der nächsten Ziehung sechs Richtige im Lotto haben werden, plus Zusatzzahl.

Bei den meisten von uns gestaltet sich das Thema leider etwas komplizierter. Manchmal fehlt der richtige Mann, dann gibt es mehrere Möglichkeiten: Samenbank, One-Night-Stand, männliche Freunde einladen und sie bitten, statt Blumen ein ganz persönliches Geschenk im Reagenzglas mitzubringen. Aber das ist ein anderes Thema (Wer sagt, dass Sperma glücklich macht?), das wir an dieser Stelle nicht vertiefen wollen.

Gehen wir einfach davon aus, dass in Ihrem Leben alle Koordinaten stimmen. Ihr Partner fühlt sich genauso fortpflanzungsgeneigt wie Sie, die Wohnung ist groß genug für ein schönes, helles Kinderzimmer und das Konto sagt auch: Ja, ich will. Jetzt müssen Sie nur noch schwanger werden! Na und? Die leichteste Übung der Welt, denken Sie. Schließlich sehen Sie in Ihrer Nachbarschaft nur noch Frauen mit Doppelkinderkarren oder dicken Bäuchen. Also, Pille ins Klo gespült, Kondome weggelegt, auf geht's!

Tja, und dann ist der dritte Schwangerschaftstest wieder negativ und das große Körperlauschen beginnt, das, mit dem Sie in den nächsten Monaten, vielleicht Jahren, Ihre Umwelt verrückt machen werden. Sie sich selbst natürlich ganz besonders. Aber wen der Babyvirus einmal gepackt hat, der kann nicht anders. Und Babybesessenheit ist ein ganz besonders hartnäckiger Vertreter seiner Art.

Tja, und dann ist der dritte Schwangerschaftstest wieder negativ und das große Körperlauschen beginnt.

Ist mir schon schlecht? Spüre ich ein Ziehen in den Brüsten? Im Bauch? Sind etwa meine Tage wieder im Anmarsch, wo ich doch zur Eisprungzeit jede Nacht Sex hatte und so müde war, dass ich dabei fast eingeschlafen wäre? Jede Frau, die gern schwanger wäre, kennt diese Wut und Trauer, wenn sie im Restaurant diesen typischen ziehenden Schmerz im Unterbauch spürt, voller böser Vorahnungen in die Damentoilette geht und dort den roten Fleck in ihrer Unterhose sieht, der alle ihre schönsten Hoffnungen zunichtemacht. Kennt die Anstrengung, die es dann kostet, wieder an den Tisch zurückzugehen und »Alles gut« zu sagen, wenn besorgt gefragt wird, ob alles in Ordnung sei.

## Warum es immer nur bei allen anderen klappt …

Das ist die größte Angst von allen: Klappt es irgendwann noch? Spielt mein Körper überhaupt mit? Oder werden meine Fortpflanzungsorgane langsam verdorren? Werde ich später eine dieser kinderlosen Greisinnen sein, die mit ihrem Stock die Kinder von den Blumenbeeten jagt? Die wochenlang tot in der Wohnung liegt, bevor den Nachbarn der Leichengeruch auffällt? Auch fantasieärmere Frauen entwickeln zu diesem Thema die blühendsten Schreckensbilder.

Es ist die größte Wut von allen: Warum klappt es bei allen anderen, nur bei mir nicht? Ohnmächtig zu erleben, wie der Körper scheinbar grundlos versagt, das kann zum nächtlichen Knirschen bis zur Zahnschiene führen. Nur schwer sind sie dann zu ertragen, diese glücklichen Schwangeren, die demonstrativ ihren Fünfmonatsbauch in enge Shirts oder Hängerchen quetschen und flöten: »Ich bin ja sooo verliebt in meinen dicken Bauch!« Freundinnen zu treffen mit frisch geschlüpften Babys, sie in den Arm gelegt zu bekommen, an ihnen zu schnüffeln und sie dann wieder zurückgeben zu müssen – all das ist Folter, FOLTER, FOLTER!

Aber dann, wenn wir am wenigsten mit ihm rechnen, kommt er, der magische Moment, an dem unser Gynäkologe seine Gummihandschuhe auszieht, uns anlächelt und sagt: »Herzlichen Glückwunsch, Sie sind schwanger!« Das ist der Moment, den Sie in sich konservieren sollten. Halten Sie ihn ganz fest, brennen Sie ihn in Ihre mentale Festplatte ein, denn dieser Adrenalinschub, dieser überwältigende Glücksrausch, diese absolute Gewissheit »Mein Leben ist perfekt!« – all das ist kein Dauerzustand, sondern nur eine Momentaufnahme.

Nichts ändert das Leben einer Frau radikaler als ihr Bauch, in dem sie neues Leben austrägt.

Alles liegt noch vor Ihnen – das erste zahnlose Lächeln, das erste Umdrehen auf dem Wickeltisch, das erste Krabbeln, die ersten Schritte. Mit Sicherheit wird es aber auch andere Momente geben, in denen Ihr Kind Sie ärgern, langweilen, anstrengen und unglücklich machen wird. Und Sie werden das nur ertragen können, wenn Sie sich an den Moment erinnern, als Ihr Gynäkologe zu Ihnen sagte, dass Sie schwanger seien, und Sie fest davon überzeugt waren, jetzt werde alles gut. Ihr Baby, Ihr ganz persönlicher Glücksbringer – nichts ändert das Leben einer Frau radikaler als ihr Bauch, in dem sie neues Leben austrägt.

## Yes, I can!

Egal, wie Ihr Leben aussieht – wenn Sie nicht gerade unter einer Brücke wohnen –, es spricht viel, eigentlich alles für ein Baby. Schwangerschaft, Geburt, Baby – dieser Zyklus sollte die Liebe zum Partner krönen, die entweder noch immer voller Spaß, Spiel und Spannung oder schon ein bisschen langweilig und eingefahren ist. Egal, ein Kind ist die ultimative Bindung zwischen zwei Menschen, die den Rest ihres Lebens miteinander verbringen wollen.

Ein Baby also als partnerschaftliches Bindeglied und – wenn wir ehrlich sind – manchmal auch als Erholungspause. Der Mommy Track lockt, wenn es im Beruf immer stressiger wird, wir von Terminen gehetzt durchs Leben rasen und die Vorstellung von »Seele baumeln lassen« tiefe Sehnsuchtsgefühle in uns auslöst. Nestbau statt Bürotrott. Mit einer Cashmeredecke auf dem Sofa sitzen, während der Liebste unsere dicke Kugel streichelt, in der kleine Füßchen gegen die Bauchdecke trommeln. Wir schaffen Leben! Wir haben unsere Mitte gefunden, weil sie immer weniger zu übersehen ist! Unser Körper rundet sich, füllt sich mit Hormonen, mit Frausein, mit Leben.

Alles, was bisher selbstverständlich war, wird nach der Geburt zur Utopie: Schlaf, Sex, Zeit für sich selbst.

Ein Leben jedoch, das sich leider nicht für jede Schwangere gleich wonnevoll anfühlt. Da gibt es leidiges Wasser in den Beinen, Krampfadern, unheilvolle, aber hartnäckige Gelüste nach Wiener Würstchen mit Nuss-Nugat-Creme. Nicht jede Schwangere sieht fruchtbar, manche leider einfach nur furchtbar, aus. Trotzdem gehört die Schwangerschaft für viele Frauen zur schönsten Zeit ihres bisherigen Lebens. Vorfreude aufs Kind, Vorbereitung auf die Geburt, mehr wird von ihnen in diesen Monaten nicht erwartet, es sei denn, sie haben einen Spitzenjob in Politik oder Wirtschaft und wälzen sich noch am Stichtag in den Konferenzraum.

Sie sind hoffentlich schlauer und gönnen sich in den Wochen vor der Geburt eine Ruhepause, die nur Ihrem anschwellenden Körper gehört. Denn es wird die letzte vor dem Sturm sein, die letzte, in der Sie noch ungestört unter der Dusche stehen, ein Buch lesen oder einen Film im Fernsehen sehen können. Alles, was bisher selbstverständlich war, wird nach der Geburt zur Utopie: Schlaf, Sex, Zeit für sich selbst. Das ist kein Drama, das ist vorübergehend, es ist trotzdem stressig, setzt neue Prioritäten, die Ihr Leben von Grund auf umkrempeln. Und Männer gehören in dieser Phase nicht dazu.

## Noch mal schwanger werden?

Ach, wie gut, dass keine Erstgebärende vorher weiß, was während und vor allem was nach der Geburt passiert. Denn leider sind wir nicht in der alten Telekomwerbung, in der die rosig-hübsche Mami entspannt am Bildschirm sitzt, während ihr Säugling friedlich schlafend im Körbchen neben ihr steht.

»Langsam bekomme ich Bammel vor der Geburt«, sagt Thea, 31, der immer mehr Fragen durch den Kopf gehen: »Wie lange dauert die Geburt? Geht alles gut? Wie wird es sein, wenn mein Kind auf der Welt ist? Wann kommt es?«

Die Geburtserfahrung ist nicht planbar und darf nicht unterschätzt werden. Ein Gefühl, »als wenn einem die Eingeweide herausgerissen werden«, beschreibt es eine Mutter. »Die nächste Geburt überstehe ich nur im Koma.« – »Der schönste, intensivste Moment meines Lebens«, sagt eine andere. Genau so sieht es die Sängerin Ute Lemper, die mit achtundvierzig Jahren zum vierten Mal Mutter wurde: »Ich habe mir so sehr gewünscht, noch einmal dieses Gefühl erleben zu dürfen, wie ein Leben in mir heranwächst«, sagte sie in einem *BUNTE*-Interview. »Es kostet keinen Cent und ist das größte Geschenk.« Keinen Cent? Das wird sich ändern.

Spätestens in fünfzehn Jahren, wenn das Nesthäkchen wieder einmal sein iPhone verloren hat.

## Männer – Sklaven eines dicken Bauches?

Drei Dinge braucht der Mann angeblich, um sich als ganzer Mann zu fühlen. Er muss

- ein Haus bauen,
- einen Baum pflanzen,
- ein Kind zeugen.

Wenn auch die beiden ersten Punkte manchmal etwas kleiner ausfallen, das Haus durch die Mietwohnung, der Baum durch die Zimmerpflanze ersetzt werden muss, ein Kind zeugen – das kann fast jeder Mann. Und da es in der heutigen Zeit immer weniger Felder gibt, die der moderne Mann als seine markieren kann, wird Kinderzeugen umso wichtiger. Mein Sperma! Ich zeuge Nachwuchs! Ich bin ein ganzer Kerl! Deswegen gehört der Frau, die ihm dieses Erfolgserlebnis verschafft, seine ganze Liebe. Und hoffentlich auch Treue, denn wie wir aus der Biologie wissen, geht das männliche Sperma gern auf Wanderschaft. Aber nicht jetzt, nicht, wenn der Kugelbauch der Partnerin ein überdeutliches »Ich bin zeugungsfähig« in die Welt posaunt.

»Einfach geil, dass wir Männer Sperma haben, aus dem neues Leben entsteht.«

Männlicher Narzissmus? Selbstverständlich.

Achim, 53, ein Sohn, zwei Jahre alt, sagt es deutlicher: »Einfach geil, dass wir Männer Sperma haben, aus dem neues Leben entsteht. Deswegen gefällt mir der Name ›Göttertropfen‹ so gut. Weil Sperma etwas Gottähnliches hat.« Gönnen wir den Männern dieses Gefühl von Gottähnlichkeit. Auch das wird sich als flüchtig herausstellen, wenn das Baby erst einmal auf der Welt ist und sie nachts eine volle Windel öffnen.

Die meisten Männer lieben jedoch schwangere Frauen, alles rund, alles weich, und wenn die zukünftige Mami dann auch noch Lust auf Sex hat, kann das die Partnerschaft ganz wunderbar beflügeln. »Gibt es etwas Tolleres, als mit einer Frau zu schlafen, in der neues Leben wächst?«, schwärmt Bernd, 41, drei Kinder. »In diesem Zustand ist sie doch wie eine blühende Sommerwiese, am liebsten würde ich meine Frau andauernd schwängern.«

**Oskar Holzberg, Psychologe**

Wenn ich als Mann jedoch auf androgyne Frauen stehe, dann stört mich das Füllige. Und nach der Geburt habe ich vielleicht noch diese blutigen, schleimigen Bilder im Kopf, da ist schließlich viel passiert zwischen den Beinen meiner Sexualpartnerin, das mit Sex sehr wenig zu tun hat.

Auf der anderen Seite gibt es Männer, die sich ausgegrenzt fühlen, weil in ihrer Frau etwas heranwächst, das mit ihnen zunächst nichts zu tun hat. Oder hauptsächlich Anstrengendes, wie etwa sonderliche Gelüste zu befriedigen, Salzgurken aus der Tanke zu besorgen, andauernd Fußmassagen zu verabreichen. »Die Liste ist endlos«, seufzt ein Vater, der anonym bleiben möchte und der heilfroh war, als sein Sohn endlich auf der Welt war. »Vorher war ich der Sklave eines dicken Bauches, dessen Wünsche und Befindlichkeiten sich nahezu stündlich änderten. Jeden Abend, wenn ich vom Büro nach Hause kam, fand ich eine andere Stimmung vor. Mal verheult, mal euphorisch, mal gereizt. Und immer sind es die Schwangerschaftshormone und immer muss ich als Mann darauf Rücksicht nehmen. Es reicht mir.«

Nein, nicht jeder Mann ist glücklich, wenn seine Frau von Tag zu Tag mehr anschwillt.

»Viel zu viel Frau«, nennt es Bert, 46, der in seiner Frau, die zum zweiten Mal schwanger ist, nichts mehr von dem schlanken, androgynen Wesen wiedererkennt, in das er sich vor zehn Jahren verliebt hat. »Sie ist inzwischen so rund und fraulich geworden, dass ich sie nicht mehr begehre, Sex geht im Moment gar nicht mehr.« Und so begann Bert damit, immer später nach Hause zu kommen und immer öfter in Düsseldorfs Nachtleben einzutauchen. Männer sind Schweine? Nein, Männer sind nur ein bisschen überfordert in dieser Zeit und brauchen auch ab und zu mal eine kleine Streicheleinheit.

Ja, die werdenden Väter stehen heute ganz schön unter Druck. Einfach nur vor der Kreißsaaltür zu sitzen und vor sich hin zu sinnieren, so wie der Held aus Fabio Volos Roman *Einfach losfahren*, wird Männern nicht mehr erlaubt. »In diesem Warteraum denke ich über mein Leben nach, wie es sich verändern wird, und versuche zu begreifen, was es bedeutet, ein Kind zu haben. Für immer.« Für immer. Wie gut, dass man das nicht vorher weiß.

## Dr. Tine Biermann-Raben, Gynäkologin, Hamburg

»Heute ist alles so schwierig geworden durch diesen zunehmenden Druck in den letzten Jahren, wie man gebären soll. Alles soll möglichst sanft und ohne schlechte Gefühle ablaufen. Das macht den Frauen so einen Druck und man hat sofort Versagensängste, wenn man es nicht hinkriegt. Der Druck und der Vergleich, das ist das Schlimmste. Die Frauen trauen ihrem Körper und sich selbst oft nicht zu, eine normale Geburt hinzukriegen.

Bei allem Recht auf Information haben viele Schwangere zu viel ›im Kopf‹, aber ein Kaiserschnitt auf Wunsch kann auch nicht die Alternative sein. Trotz modernster Technik ist diese Operation immer noch mit Risiken für Mutter und Kind verbunden – es gibt Schmerzen durch Verwachsungen, Anpassungsstörungen des Neugeborenen und jede folgende Schwangerschaft ist schon von vornherein ein Risiko. Am besten ist es, die Ressourcen der werdenden Mutter zu stärken, ihr Körpergefühl zu unterstützen und bei der Geburt eine gute Begleitung zu gewährleisten.

Was sicherlich eine Rolle spielt bei den vielen Kaiserschnitten, ist die Angst der Geburtshelfer vor juristischen Konsequenzen. Es werden so schnell Gerichtsprozesse angestrebt, dass sie kein Risiko mehr eingehen wollen. Früher wurde die Güte einer Klinik danach bemessen, wie wenig Kaiserschnittgeburten sie hatte. Wenn eine Klinik dreißig Prozent Kaiserschnitte hatte, ist die Frau da schon gar nicht mehr hingegangen.«

IN DIESEM CAFE DÜRFEN SIE NUR IHRE BRUST RAUSHÄNGEN LASSEN, WENN SIE EIN BABY STILLEN. MÖCHTEN SIE EINS?
TIL

# »Es war der schönste Moment in meinem Leben« – Mit der Fruchtblase platzt leider auch die Illusion

Natürlich gibt es auch sie, die während der Schwangerschaft zu lieblichen Rosen erblühten zukünftigen Mütter, die bis zum errechneten Stichtag auf einer Woge des Glücks schwimmen, bevor sie sich entspannt in den Kreißsaal legen und »Es kann losgehen« sagen. Minuten später wird ihnen das süßeste Baby der Welt auf den Bauch gelegt.

Träumen Sie weiter, liebe Leserin, Sie werden vermutlich nicht dazugehören. Weil Geburt, ganz nüchtern betrachtet, ein manchmal bis zu vier Kilogramm schweres Menschenbündel ist, das aus Ihnen herausgezogen wird. Das geht nicht ohne Blut, Schweiß und Tränen, Euphorie stellt sich da wohl eher für die Masochistinnen unter uns ein. »Eine Geburt ist brutal, blutig und schmerzhaft, und kein anders lautendes Gerede wird mich vom Gegenteil überzeugen«, schreibt auch Siri Hustvedt in ihrem Roman *Was ich liebte*.

»Stimmt! Die Geburt meines Sohnes Yannick hat vier Tage gedauert, ein absoluter Albtraum, bitte nie wieder!«, sagt Yvonne, 33, drei Wochen nach der Geburt. Ein Jahr danach meinte sie: »Das Beste, was mir je passiert ist. In zwei Jahren bin ich hoffentlich wieder schwanger.« Das ist die wunderbare Verdrängung, die für unser Überleben sorgt.

## Wir wissen nicht, was auf uns zukommt, und das ist gut so

»Für die Frau ist eine Geburt ja so, als müsste sie einen Kürbis durch den Ausschnitt eines Rollkragenpullovers pressen«, beschreibt die Hebamme Luise Kaller im *stern* sehr plastisch den Geburtsvorgang. Es ist leider so – eine normale Geburt, bei der alles super läuft, ist ein Glücksfall und nicht unbedingt die Regel. Wir wollen uns zu diesem Thema nicht einschießen, aber auch keinen falschen Optimismus verbreiten. Es gibt Schöneres im Leben, als mit weit geöffneten Schenkeln auf einer Krankenliege zu liegen, hilflos ausgeliefert. Wie auch beim Sport und manchmal beim Sex kommt das schönste Gefühl erst danach. So empfand es auch Marie, 38, Lehrerin, die während der Geburt ihre zwischen ihren Beinen schwitzende Hebamme anschrie, weil sie es vor Schmerzen einfach nicht mehr aushielt: »Sie können mich mal, ich geh nach Hause!« Natürlich blieb sie und ist jetzt die glücklichste Mutter der Welt.

Eine normale Geburt, bei der alles super läuft, ist ein Glücksfall und nicht unbedingt die Regel.

»Viel Mühsal bereite ich dir, sooft du schwanger wirst. Unter Schmerzen gebierst du Kinder.« Das ist Evas göttliche Strafe, weil sie vom Baum der Erkenntnis genascht hat und deshalb aus dem Paradies vertrieben wird. Zum Glück sind wir Frauen zäh und halten eine Menge aus. Würden wir dieses Thema den Männern überlassen, gäbe es nur Einzelkinder. Oder gar keine mehr.

Und etwas hat sich zum Glück seit Evas Zeiten geändert – wir können wählen zwischen natürlicher Geburt, die während, aber nicht so lange danach wehtut, oder dem immer beliebter werdenden Kaiserschnitt, bei dem es umgekehrt ist. Warum ziehen ihn trotzdem immer mehr Frauen vor? Ist ein Ende mit Schrecken nicht viel angenehmer als ein Schrecken ohne Ende?

Nein, jedenfalls nicht für die hippen Karrieremamis von heute, die ihre Geburt sorgfältig terminieren und sie deshalb am liebsten zwischen Fortbildung und Herbsturlaub erledigen. Die vor allem ihre Beckenbodenmuskeln und Sexualorgane nicht den Strapazen einer natürlichen Geburt aussetzen wollen und Angst haben, dass eine normale Entbindung zum postnatalen Lustkiller werden könnte. Too posh to push? »Ich will untenrum nicht total ausgeleiert sein«, sagt eine Mutter, die stattdessen jetzt eine unschöne Kaiserschnittnarbe beklagt, die über ihre ultraknappen Stringtangas ragt.

Tatsächlich kann gelegentlich die vaginale Geburt zu einer Schädigung des Beckenbodens führen, mit Harninkontinenz oder Schmerzen beim Sex. »Aber das sind alles vorübergehende Schäden, die intimchirurgisch mühelos zu beseitigen sind«, meint dazu der Gynäkologe Dr. Frank Schneider-Affeld. »Auch das sogenannte Ausgeleiertsein lässt sich heutzutage gut behandeln. Und wenn die Frau es möchte, können wir die Scheide mit Eigenfett behandeln und dadurch den postnatalen Lustfaktor erheblich verbessern. Leider gibt es noch immer viele Gynäkologen, die so etwas ablehnen. Das finde ich mittelalterlich.«

Mittlerweile kommt in Deutschland jedes dritte Baby mithilfe des Skalpells zur Welt. Auch deswegen, weil es für die Kliniken finanziell lohnender ist: Die Honorare für einen Kaiserschnitt sind deutlich höher als die für eine natürliche Geburt. »Ich habe einmal normal und einmal mit Kaiserschnitt entbunden«, erzählt eine Mutter. »Und ich kann nur sagen, Augen zu und durch ist viel besser, als nach der Narkose viel zu benommen zu sein, um sein Baby in die Arme zu nehmen. Kaiserschnitt mag in medizinischen Ausnahmefällen das Richtige sein, aber nicht, wenn man Angst davor hat, dass die Vagina ausleiert.«

»Ich will untenrum nicht total ausgeleiert sein.«

## Babys – der homöopathische Spaßfaktor

Und dann ist es endlich so weit, die Geburt ist überstanden, die frischgebackene Mami verlässt mit ihrem Babybündel das Krankenhaus – aber nichts ist mehr, wie es noch vor wenigen Tagen war. Das kann ein Schock sein. Alles ändert sich. Nie mehr allein! Es kann Segen und Fluch zugleich sein. Keine ruhige Minute mehr, dafür Tage, an denen sie erst abends zum Duschen kommt, sich die Zeitungen, die sie eigentlich abbestellen sollte, immer höher stapeln, weil sie in den ersten Wochen weder einen Satz zu Ende sprechen, geschweige denn eine Zeitung zu Ende lesen wird. Sind junge Mütter dem gewachsen? Diese Frage mit einem ehrlichen »Nein, bin ich nicht« zu beantworten, traut sich selbstverständlich niemand. Aber fühlen Sie sich nicht schlecht, wenn Sie ein leises, verschämtes »Jein« denken, das ist ganz normal!

Junge Elternschaft ist einfach extrem anstrengend. Verzicht ist angesagt, bis sich die neuen Koordinaten eingependelt haben. Nicht mehr durchs Fernsehprogramm zappen, wann immer wir wollen. Keinen spontanen Latte macchiato mehr mit der besten Freundin und auch keinen Spontansex am Sonntagmorgen. Und diese extreme Müdigkeit, die junge Mütter in den nächsten Wochen und Monaten nicht mehr verlassen wird – all das hat einen Spaßfaktor, der sich auch beim allersüßesten Baby manchmal sehr homöopathisch anfühlen kann.

Dazu kommt die Angst, etwas falsch zu machen, und ein Körper, der leider nur in Ausnahmefällen so blitzschnell in seine pränatale Fasson zurückschnurrt wie bei den Supermodels und Hollywoodstars. »Während der Schwangerschaft fand ich meinen Körper super«, seufzt eine neue Mutter, »alles saftig und prall. Meine Haare saßen besser, meine Pickel waren weg, alles gut. Nach der Geburt erkannte ich ihn nicht mehr wieder. Entweder Fettpolster oder Hängepartien. Grausam.«

Das Schlimme ist, dass Familie, Freunde und Umwelt davon nichts hören und wissen wollen. Erwartet wird strahlendes Mutterglück, und ja, es ist da und es wächst auch, aber manchmal ist es anfangs eben noch etwas verschüttet. Wenn man die junge Mutter mehr in Ruhe ließe, wenn sie sich nicht ununterbrochen über rosa Babyschühchen und hellblaue Babymützchen wie wahnsinnig freuen müsste, dann würde sie sich viel schneller richtig freuen. Aber gerade in der Anfangszeit als Mutter, egal, ob es die erste, zweite, dritte oder vierte Babyrunde ist, möchte man nicht immer »Du musst der glücklichste Mensch auf der Welt sein« hören, sondern viel lieber ein »Mensch, was du jetzt leisten musst! Was kann ich dir abnehmen?«. Vermutlich würde unsere Antwort ganz simpel sein: »Nimm mein frisch geschlüpftes Baby, das ich über alles liebe, und verschwinde für ein paar Stunden damit!«

Erwartet wird strahlendes Mutterglück, und ja, es ist da und es wächst auch, aber manchmal ist es anfangs eben noch etwas verschüttet.

## Das postnatale Chaos

Die Tatsache lässt sich nicht leugnen: Babys schreien. Manchmal stundenlang, ohne erkennbaren Grund. Man schaukelt sie, singt ihnen etwas vor, füttert und streichelt sie – aber die kleinen, entzückenden Monster schreien weiter. So sind Babys und später, wenn aus kleinen Patschefüßchen riesige, stinkende Jungmännerfüße geworden sind, wenn sie nachts nicht nach Hause kommen oder ganz schreckliche Partner wählen, wenn sie mit dreißig zum vierten Mal das Studium wechseln, dann werden wir uns nach ihren ersten Monaten und Jahren zurücksehnen. »Kleine Kinder, kleine Sorgen, große Kinder, große Sorgen« – ein Zitat, das Sie gerade in der Anfangszeit oft hören werden und das sich in späteren Jahren leider als wahr herausstellen wird. Doch so weit sind wir noch lange nicht.

»Freundinnen, die schon Kinder hatten, fragten mich, als ich noch kinderlos war, wann ich denn endlich auch ein Kind bekomme«, erinnert sich Miriam, die mit einundvierzig zum ersten Mal Mutter wurde. »Nachdem meine Tochter geboren war, wusste ich auch, warum: Sie wollten, dass ich ebenfalls Mitglied bin im Klub der Erschöpften, Kaputten, Übermüdeten. Willkommen im Klub der Übernächtigten! … ›Ach, du Arme‹, sagten sie nach der Geburt. ›Nun hast du auch den schönsten Teil deines Lebens hinter dir.‹«

Was zum Glück genauso übertrieben ist wie die Behauptung, erst mit dem Mutterglück finge für eine Frau das wahre Leben an. Die Wahrheit liegt, wie immer, irgendwo dazwischen. Und dass wir sie oft nicht finden, ist nicht das Schlimmste.

»Was ist das Schönste am ersten Jahr mit Kind? – Es geht vorbei!« Dieser kleine Witz spricht vielen Müttern und Vätern ganz tief aus der erschöpften Neuelternseele. Mann, war das anstrengend, denken wir nach den ersten zwölf Monaten und sind so stolz auf uns, als hätten wir das Elternsein erst erfunden, als wäre es nicht das Normalste und Natürlichste von der Welt. Sind wir die neuen Weicheier? Warum sind wir so dermaßen erschöpft, warum jammern wir so viel in der ersten Zeit mit unseren Kindern, viel mehr, als unsere Eltern es getan haben? Warum haben wir so viele Bücher über Erziehung gelesen, so viele Jugendpsychologen befragt und wissen trotzdem so wenig?

> Willkommen im Klub der Übernächtigten!

Ganz einfach, die heutigen Eltern sind die Abkömmlinge der Achtundsechziger, die »Gnade der späten Geburt«-Generation, die unverdient Glückseligen nämlich, die in eine goldene Zeit hineingeboren wurden. Kein Krieg, kein Hunger, keine Wirtschaftskrisen. Das Leben war gut zu ihnen. Sie waren glückliche Kinder und jetzt erwarten sie, genauso glückliche Eltern zu werden.

Doch einem Baby ist egal, was seine Eltern erwarten, es entwickelt sich einfach.

Doch einem Baby ist es egal, was seine Eltern erwarten, es entwickelt sich einfach, ohne um elterlichen Rat zu bitten. Und zwar in einem fast atemlosen Tempo. Bereits am ersten Tag hat es einen Greifreflex, reagiert auf Gesichter, kann riechen, schmecken, hören. Eine Glanzleistung nach seiner gefährlichen, ungemütlichen Reise aus der warmen Gebärmutter in die laute, kalte Welt. »Von einem Tag auf den anderen kommt der dramatische Moment. (…) Plötzlich wird sein Körper abgeschnitten von der ständigen Versorgung durch die Mutter. Erstmals spürt es kühle Luft auf seiner Haut, dringen laute, ungefilterte Geräusche in seine Ohren. Erstmals zieht die volle Schwerkraft an seinen Gliedern«, wird es treffend in *GEOkompakt* formuliert. Klingt ungemütlich, so eine Geburt. Nicht nur für die Eltern. Ein kleines Wunder, dass wir es alle geschafft haben.

Das Baby kommt zu früh oder zu spät, schläft manchmal selten, schreit oft und ja, er schleicht sich gelegentlich ein in die übermüdeten elterlichen Gehirnwindungen, der heimliche Gedanke: »Warum habe ich mir das bloß angetan? Ich will mein altes Leben zurück! Am liebsten würde ich das kleine Monster wieder abgeben.« Besonders im ersten Jahr ist die Trennungsquote unter Eltern erschreckend hoch, weil die Paare mit dieser neuen Gefühlsverwirrung nicht klarkommen.

»Warum habe ich mir das bloß angetan? Ich will mein altes Leben zurück!«

»Ich habe in dieser Phase ständig *Du bist nicht allein* von Roy Black aufgelegt«, sagt eine Mutter, die trotz Zwillingsgeburt vor drei Jahren mit anschließender dreimonatiger Doppelkolik ihren Humor nicht verloren hat. »Wenn ich das Lied jetzt zufällig im Radio höre, denke ich immer an den Satz von Wilhelm Busch: ›Gehabte Schmerzen, die hab ich gern.‹«

### Oskar Holzberg, Psychologe

Das gewohnte effiziente Leben ist vorbei. Stattdessen Chaos. Zudem ist das Paar plötzlich ganz anders aneinander gebunden. Denn einer muss immer mit dem Kind sein. Es brechen die herrlich unrealistischen Erwartungen an die beglückende Erfahrung Kind in sich zusammen und stattdessen herrschen Schlaflosigkeit und Überforderung. Wir sind plötzlich biologisch zweitrangig. Wenn das Baby aufwacht, dann müssen wir auch aufwachen. Seine Bedürfnisse gehen vor. Das stört dann auch die Symbiose zwischen den Partnern stark. Eine ganze Menge Veränderung, die umso härter kommt, je mehr man das Leben als Wunschkonzert betrachtet.

## Multitasker par excellence

Von den Fünfziger- bis in die Siebzigerjahre hatten alle Babys einen Vierstundenrhythmus. Das hieß, alle vier Stunden wurden sie gefüttert, gewickelt und danach ins Bett gelegt. Wenn sie schrien, dann schrien sie eben. Bis sie irgendwann aufhörten. Und sie hörten irgendwann auf. Das kommt uns heute barbarisch vor. Wenn ein Baby jede Stunde schreit, wird es eben von seinen komatösen Eltern im Einstundenrhythmus gefüttert, gewickelt und wieder ins Bett gelegt. Übrigens: Je weniger romantisch Sie sich den Alltag mit einem Kind ausmalen, desto leichter wird es Ihnen ergehen. Vergessen Sie also am besten sofort jeglichen Perfektionismus und stellen Sie sich darauf ein, dass alles schiefgehen kann. Ein kleiner Trost in dieser Zeit, aber ein wahrer: Irgendwann lachen wir darüber, denn das Leben ist nicht vorbei, sondern nur der Teil, der Spaß macht.

Noch ein Tipp: Die warme Luft eines Haarföhns wirkt auf Babys sehr beruhigend. Und wenn Sie ab und zu mal ein Gläschen Prosecco trinken, wird Ihrem Baby nicht gleich ein zweites Köpfchen wachsen.

Für unsere Eltern und Großeltern war es die allereinfachste Sache der Welt, Kinder auf die Welt zu bringen und großzuziehen. Sind wir zu lasch, zu ungeduldig, zu überinformiert, zu überängstlich? Ja, das sind wir leider. Weil wir trotz Baby immer noch alles wollen: Beruf, Reisen, Freundeskreis, genug Geld, genug Schlaf. Genauso wie Mallorca im Grunde wie Deutschland ist, nur schöner und wärmer, so soll auch unser Leben mit Kind wie das alte sein – nur schöner. Eltern müssen heute Multitasker par excellence sein. Job, Freizeitgestaltung, Beziehungskiste – alles müssen sie perfekt auf die Reihe kriegen. Warum um Himmels willen tun sie sich das an?

»Heute kann ich die *Bild*-Überschrift ›Frau schmeißt ihr Kind aus dem Fenster‹ verstehen«, sagt eine Mutter. »Den Druck, den man auf der Brust hat, den habe ich manchmal auch, wenn meine Tochter schreit. Im Beruf habe ich immer eine Lösung gefunden, hier aber bin ich hilflos. Und das macht mich manchmal so wütend, dass ich mich kaum selbst wiedererkenne.«

Junge Eltern erleben ein Wechselbad der Gefühle. Sie schwanken zwischen dem Glück über das Neugeborene und totaler Erschöpfung.

»Als unsere Tochter sechs Monate alt war, besuchte uns eine Freundin, die uns einen Abend Babysitten geschenkt hat. Als sie kam, saßen wir mit ihr auf dem Sofa und redeten, bis sie schließlich sagte: ›Geht doch endlich los.‹ Aber wir wussten nicht, wohin, und fühlten uns auch zu kaputt, wollten nur auf dem Sofa sitzen bleiben und abschlaffen …«, seufzt eine frischgebackene Mutter.

Irgendwann lachen wir darüber, denn das Leben ist nicht vorbei, sondern nur der Teil, der Spaß macht.

## Die Müttermafia und das heilige Stillen

Nicht nur Job, Freizeit und Beziehung müssen unter einen Hut gebracht werden. Da gibt es noch etwas ganz anderes, mit dem Frauen direkt nach der Geburt massiv unter Druck gesetzt werden: Wer liebt, der stillt. Darüber, dass man als gute Mutter sein Baby stillen muss, wird heute so moralinsauer debattiert wie über Umweltverschmutzung oder Nikotinkonsum. Stillen, so wird allen Müttern eingeschärft, schützt nämlich vor Allergien und vielen Erkrankungen. Schon im Geburtsvorbereitungskurs wird man mit dieser Erkenntnis indoktriniert. Egal, ob ihnen nach einer schmerzenden Brustentzündung der Arzt davon abrät, sie ein fordernd, womöglich zahnendes Baby am Nippel nicht für den Gipfel des Mutterglücks halten oder sie – Schande! – einfach die Form ihrer Brüste auch nach dem Abstillen noch wiedererkennen wollen. Wer nicht stillt, ist böse. So einfach ist das, so gnadenlos. Wer das Beste für sein Kind will, gibt ihm das Beste! Klingt ein bisschen wie aus einem Werbespot der Fünfziger- oder Sechzigerjahre à la »Greife lieber zur HB, dann geht alles wie von selbst«.

Ein Skandal in den Siebzigerjahren, bei dem der Nestlé-Konzern wegen seiner aggressiven Vermarktung von Säuglingsnahrung an den Pranger gestellt wurde und somit auch das Milchpulver einen erheblichen Imageverlust erlitt, rief die sogenannte *La Leche League* (»Die Säugerliga«) in Frankreich auf den Plan, die das Stillen zur natürlichsten Sache der Welt erklärte. Und im Jahr 1994 wurde die Nationale Stillkommission gegründet, die auf Hebammen und Kinderärzte einwirken sollte, um den Frauen ein möglichst langes Stillen zu empfehlen. Es wurde sogar öffentlich mitgeteilt, dass Muttermilch zu deutlich intelligenteren Kindern führen solle. Das ist wissenschaftlich zum Glück nicht haltbar. Und jetzt haben wir den Salat beziehungsweise die permanent stillende Mami.

Ob im Park, auf dem Spielplatz oder in einem der Cafés, in denen Mütter mit ihrem Nachwuchs sich zur Freude der anderen Gäste oft lärmend und stillend breitmachen, schwelt häufig ein unausgesprochener Kleinkrieg, der hauptsächlich mit bösen Blicken ausgetragen wird. Der Mütterkampf zwischen Brust- und Fläschchenmamis, er kann genauso lodern wie der zwischen Nur-Hausfrauen und Karrierezicken.

## Es gibt schönere Anblicke als die Brüste später Mütter

Muss öffentliches Stillen erlaubt sein? Bis das Baby zahnt auf jeden Fall, meinen die meisten. Wir übrigens auch. Danach darf sich die Brustmami nicht wundern, wenn pikierte Blicke auf ihr ruhen, denn ein Kleinkind, das seiner Mutter die Bluse aufknöpft, weil es hungrig ist, mag biologisch möglich sein, ein schöner Anblick ist es nicht. Im Gegenteil, es hat etwas vage Inzestuöses und sieht nach Singlemami aus, die im Kind den Partnerersatz sucht. »Offensichtlich soll jeder mitkriegen, dass sie es können. Aber so toll ist es auch nicht, die Brüste der ›alten Mütter‹ im Café zu betrachten. Ein bisschen dezenter wäre mir lieber, es gibt schönere Anblicke«, sagt ein junger Kellner.

Warum stillen manche Frauen so lange? Weil es sich gut anfühlt? Zu gut vielleicht?

Warum stillen manche Frauen so lange? Weil es sich gut anfühlt? Zu gut vielleicht? Wenig ist bekannt vom Zusammenhang zwischen Stillen und Erotik, aber es gibt ihn natürlich: »Als er zum ersten Mal andockte, starrte sie auf ihn hinab, als sei er ein Fremder – und das war er auch«, schreibt Amy Sohn in ihrem Roman *Prospect Park West*. »Ein Junge an ihrer Brust. Das war ungefähr so, als würde man mit jemandem rumknutschen, den man gerade in einer Bar kennengelernt hatte. Es war irgendwie erotisch.«

## Nur Rabeneltern geben ihre Kinder in die Krippe

Wir dachten, die Sache hätte sich endlich erledigt. Berufstätige Mütter gegen Mütter, die zu Hause bleiben – das klingt nach einem Thema aus den Fünfziger- und Sechzigerjahren. Aber leider ist es immer noch aktuell. Je früher das Kind in der Krippe, desto schlechter die Mutter, sagen die einen. »Helicopter Parenting« nennt man es dagegen etwas abfällig in Amerika, wenn Eltern ständig besorgt über ihren Kindern kreisen.

»Was? Ihr Sohn ist schon in der Krippe? Das bringe ich nicht übers Herz! Aber jeder setzt eben andere Prioritäten!« Sätze wie Messer, weil Frauen, egal, ob berufstätig oder nicht, von Natur aus dazu neigen, sich mit Schuldgefühlen zu überhäufen. Obwohl die Frau, die bei Ihnen diese bösen Gefühle verursacht, vielleicht einfach nur keine Lust auf ihren Beruf hat und lieber zu Hause auf dem Sofa sitzt und Kitschromane liest, während sie ihr Kind vor SpongeBob oder KiKANniNCHEN parkt.

Schuldgefühle? Da haben wir Frauen ganz laut »Hier!« gerufen.

Als der liebe Gott vor vielen tausend Jahren sagte: »Hier hab ich noch jede Menge Schuldgefühle, die braucht eigentlich kein Mensch mehr, aber vielleicht hat trotzdem noch jemand Bedarf«, da haben die Männer nur gegrinst, aber die Frauen alle ganz laut »Hier!« gerufen. Ganz besonders viele Schuldgefühle haben wir Frauen für unsere Familien reserviert. Mein Kind SCHON in der Krippe? Obwohl es ein Einzelkind ist und wir uns zu zweit manchmal zu Tode langweilen? Und wieso langweilt mich mein Kind? Ein Tabu, das wir einfach mal ansprechen wollen: Mütter langweilen sich gelegentlich mit ihren Kindern, aber das gilt auch umgekehrt. Was hat so ein Winzling von einer Mami, die, während sie lustlos die Playmobil-Piraten herumschiebt, nebenbei in der *Gala* blättert? Im Kindergarten sind kleine Kinder unter Gleichaltrigen, werden betreut von Personen, die das gelernt haben und denen es hoffentlich auch Spaß macht. Ist das nicht viel, viel besser? Auch und gerade für das Kind?

Denken Sie nicht: Oh Gott, ich bin eine schlechte Mutter! Ich bin lieber im Büro als vor den Bauklötzen! Sie kommen Ihnen vertraut vor, diese Gedanken? Der Schweizer Kinderarzt Remo Largo schreibt in seinem Buch *Babyjahre*: »Die Natur rechnet nicht mit perfekten Eltern. Sie hat die Kinder mit einer gewissen Anpassungsfähigkeit und Krisenfestigkeit ausgestattet.« Also – niemand ist perfekt. Nur die Natur.

## In Abwesenheit wird das Herz zärtlicher

Es scheint tatsächlich ein Comeback des Fünfzigerjahre-Familienmodells zu geben. Und tschüss, Alice Schwarzer, bye-bye, Feminismus … Nur etwa fünf Prozent der Frauen in Deutschland kehren nach dem Mutterschutz in den Job auf eine volle Stelle zurück. In Frankreich sind es siebzig Prozent. Zwei Drittel der berufstätigen Mütter in Deutschland arbeiten Teilzeit. Sind Mütter, die nach dem Mutterschutz wieder anfangen zu arbeiten, schlechte Mütter? Die meisten fürchten sich vor diesem oft unausgesprochenen Vorwurf, wenn diese ganz bestimmten Blicke von anderen Müttern alles sagen: Warum hat die überhaupt Kinder gekriegt, wenn ihr die Karriere doch viel wichtiger ist?

Wir glauben, dass die Mehrheit der Mütter nach dem Babyjahr wieder arbeiten möchte, wenigstens Teilzeit. »Absence makes the heart grow fonder« heißt ein altes englisches Sprichwort – in Abwesenheit wird das Herz zärtlicher. Und das heißt in Bezug auf unser Baby: Wir lieben es umso mehr, wenn wir nicht nonstop mit ihm zusammen sind. Wichtig ist deshalb eine gute, bezahlbare Kinderbetreuung.

Leider haben nicht alle Frauen so ein finanziell entspanntes Mütterleben wie Barbara Schöneberger, die in einem

Interview für den TV-Sender *sixx* kurz nach der Geburt ihres ersten Kindes über die diversen Vorteile einer guten Nanny schwärmt: »Na ja, eine richtig gute Betreuung gibt's natürlich nicht für 1,50 Euro. Mir war wichtig, dass das bei uns eine Frau macht, die viel Erfahrung hat und mit beiden Beinen im Leben steht. Es geht ja nicht nur darum, dass man jemanden hat, der auf das Kind aufpasst und es ins Bett bringt, sondern darum, dass das eine Person macht, die dann auch über Jahre in der Familie bleibt und eine richtige Bezugsperson für das Kind ist! (...) Muttersein ist einfach toll!«

Ja, das ist es auch!

## Brigitte, 49, ein Sohn, 19

»Es war eine super Schwangerschaft, ich habe mich die ganze Zeit topfit gefühlt. Drei Monate vor dem Stichtag hatte ich einen kleinen Auffahrunfall auf dem Parkplatz eines Kaufhauses, in dem ich die Borte für den Stubenwagen kaufen wollte. Abends hatte ich Gäste und wie immer aufwendig gekocht, als ich plötzlich rasende Rückenschmerzen bekam. Da ich eine harte Nuss bin, hielt ich zunächst durch, auf der Toilette platzte mir dann die Fruchtblase, was ich allerdings nicht erkannte. ›Ich geh mal kurz ins Krankenhaus, zum Dessert bin ich wieder da‹, sagte ich, weil ich keine Ahnung hatte, was auf mich zukommen würde. Im Krankenhaus bekam ich Wehenhemmer, die nichts mehr hemmen konnten, mein Magen wurde ausgepumpt, dann OP, dann Kaiserschnitt. Als ich aufwachte, fragte ich meinen Mann: ›Alles okay?‹ – ›Es ist ein Junge und er lebt‹, sagte er und zeigte mir ein Polaroidfoto von unserem Baby, das mich zu Tode erschreckte. Wie ein winziger, nackter Vogel, der aus dem Nest gefallen war, sah mein Kind aus, gespickt mit Schläuchen, gruselig. So klein war unser Moritz, dass er nur in Puppenkleidung passte. Ein kleiner Kämpfer. Sieben Wochen hing er an der Beatmungsmaschine, überstand Hirnblutungen, Infektionen, acht Stunden mindestens saß ich täglich an seinem Inkubator, streckte meine Hand in die kleine Öffnung und streichelte das kleine, kranke Bündel, das dort drinnen ums Überleben kämpfte.

Als Moritz tausendfünfhundert Gramm wog, durfte ich ihn endlich im Arm halten. Da hab ich richtig gespürt, wie sich sein kleines Herz beruhigte, als er auf meinem warmen Bauch lag. Und als die Schläuche schließlich weg waren, konnte ich zum ersten Mal sein Gesicht sehen. Es war ein unbeschreibliches Gefühl. Doch als wir ihn nach drei Monaten endlich nach Hause holen durften, fing der Stress erst richtig an, denn der Monitor, den er tragen musste, um einen Herzstillstand zu verhindern, löste ständig Fehlalarm aus. Außerdem konnte ich nicht stillen, weil Moritz einfach nicht genug Saugkraft hatte.

Mir war klar, dass bei einem Frühchen alles etwas länger dauert, Moritz war da natürlich keine Ausnahme. Wenn ich ihn, was ich anfangs tat, mit den gleichaltrigen Babys meiner Freundinnen verglich, war ich vorsichtig optimistisch, obwohl Moritz erst mit achtzehn Monaten zu laufen anfing. Aber dann wurde die Kluft immer größer. Im Kindergarten biss er die anderen Kinder. Zum Glück fand ich eine Tagesmutter, die mit ihm klarkam. Mein Moritz war einfach nicht gruppenkompatibel, das ist leider bis heute so geblieben. Er war und ist ein Einzelgänger, der viel durchmachen musste, denn seine Frühgeburt hatte Folgeschäden. Er musste mehrfach an den Augen operiert werden, hatte ADHS, das Zappelphilipp-Syndrom, mit sieben fing er mit Ritalin an. Das nimmt er bis heute. Und wie oft seine Lungenflügel kollabierten und ich ihm mit einer umwickelten Zahnbürste eine Vibrationsmassage geben musste, kann ich nicht mehr zählen. Zum Glück bin ich Krankenschwester und weiß Bescheid. In den nächsten Jahren jagte dann eine Therapie die andere: Musiktherapie, Reittherapie, Ergotherapie. Und immer diese Schuldgefühle: Bin ich schuld? Hätte ich gleich nach dem Auffahrunfall ins Krankenhaus gehen sollen?

Dass meine Ehe gescheitert ist, liegt zu mindestens fünfzig Prozent an der Situation mit Moritz. Weil ich aus lauter Sorge einfach keine Kraft mehr für meinen Exmann hatte. Auch meine Tochter Leonie, die vier Jahre später auf die Welt kam, ist dadurch oft zu kurz gekommen. Während der Schwangerschaft mit ihr war meine Gebärmutter vorsorglich zugenäht, aber sie kam ganz leicht auf die Welt. Zwei Stunden später ging ich mit ihr durchs Krankenhaus und sagte zu den Schwestern: ›Ich hab ganz fürchterlichen Hunger!‹ Dann die Diagnose: Gebärmutterhalskrebs! Lieber Gott, jetzt reicht's mal, dachte ich, aber zum Glück ist alles gut gegangen.

Meine Mutterschaft war also immer zweischneidig – ein Kind war schwierig, mit dem anderen war alles leicht. Leonie war immer sehr beliebt, Moritz wurde leider immer gemobbt. Was anfangs daran lag, dass er die anderen Kinder biss, später an seiner Unfähigkeit, sich in Gruppen zu integrieren. Er war einfach immer das Opfer, er hat es immer ausgestrahlt. In der achten Klasse, zu Beginn der Pubertät, war es besonders schlimm. ›Keiner mag mich, ich bring mich um‹, hat er gesagt. Ich bin dann jeden Morgen vor der Arbeit mit ihm in die Jugendpsychiatrie gefahren. ›Mütterliche Überfürsorge‹ stand in den Akten, da kann ich nur mit dem Kopf schütteln. Weil ich jetzt weiß, dass ich alles richtig gemacht habe. Und zwar allein, denn mein Exmann hat sich um nichts gekümmert, wollte gar nicht wahrhaben, dass mit seinem Sohn etwas nicht stimmt. ›Der wird schon‹, war sein Mantra. Das hat mich damals wütend gemacht, weil immer ich diejenige war, die alles regeln musste. Das Internat für ADHS-Schüler, ich hab es gefunden. Da hat Moritz seine mittlere Reife geschafft. Die Medienfachschule bis zum Abitur, auch meine Initiative, jetzt hat er das Fachabitur. Notendurchschnitt 2,5. Und im Herbst fängt er in Hannover mit dem Informatikstudium an.

Ja, mein Sohn hat mich einiges gekostet. Viel Kraft, Nerven und letztlich meine Ehe. Aber er hat mich auch stärker gemacht, ich liebe ihn über alles und bin sehr stolz auf ihn.«

TIL
MEINE FRAU IST AUF DIENSTREISE

# »Hallo, ich bin auch noch da!« – Ein Kapitel nur für Väter

Til Schweiger. Traum aller Schwiegermütter. Weil er so knuffelig aussieht? Auch. Weil er so gut im Geschäft ist? Ja, auch. Aber vor allem, weil er Dinge wie diese sagt, etwa der *WELT ONLINE* in einem Interview: »Ich hab immer Sorgen um sie. Davon wache ich manchmal nachts auf und kann nicht wieder einschlafen. Meistens aus Furcht, dass ihnen was zustoßen könnte. Und dann kommt das Nächste: Wenn ihnen nichts passiert und wenn sie gesund sind, was wird dann aus ihnen? Was für einen Beruf werden sie ergreifen? Werden sie was finden, was sie glücklich macht? Aber solche Gedanken haben alle Eltern, die ihre Kinder lieben – und ich gehe erst einmal davon aus, dass das prinzipiell immer so ist. Das ist ja das Doofe an einem Kind. Wenn es geboren wird, dann hat man ja zwei Gefühle. Das eine ist diese unendliche, unerschütterliche Liebe – was ein ganz tolles, großartiges Gefühl ist, das schönste auf der Welt. Und gleichzeitig hat man unendlich Angst, dass dem Wesen was passieren könnte.« Hätte man Til Schweiger gar nicht zugetraut, diesen tiefen Abgrund an Liebe. Diesen Abgrund an Sorge. Männer, denkt man doch oft als Frau, sind die Spezies, die nach der Geburt »Schatz, das Dings ist mir noch zu klein, da mach ich sicher was kaputt. Ich komm wieder, wenn man sich vernünftig mit ihm unterhalten kann« sagen und immer einen kleinen, vorsichtigen Bogen um die neue Babyidylle machen. Zur Einschulung, wenn sich alles gut eingespielt hat, sind sie dann wieder mit einer dicken Schultüte präsent.

Klar gibt es diese vorsintflutlichen Exemplare immer noch, genauso wie es noch Männer gibt, die ihre Frauen ungern ans Steuer lassen, aber sie sind die Ausnahme, die zum Glück die Regel bestätigt. »Stimmt«, meint Christoph, 58, drei Kinder, zwei Enkel, »du bist ein Leben lang die emotionale Geisel deiner Kinder. Wenn es einem der Kinder richtig dreckig geht, dann kann es dir auch nicht gut gehen.« Babys können überwältigend sein. Und starke Männer hilflos machen. Und manchmal sehr frustriert.

## Baby-Blues statt Vaterglück

So ist das Leben, lieber Papa, die Frau deiner leidenschaftlichen Nächte ist jetzt Mutter geworden und ihre Leidenschaft hat sich verlagert! Auf das Kind, nicht auf dich. Dafür hast du jetzt eine Mami im Haus, worüber du nicht besonders glücklich bist. Denn die hast du ja bereits und hast dich mehr oder weniger von ihr gelöst. Von ihren Forderungen und Erwartungen an den kleinen Jungen, der vielleicht noch immer in dir schlummert. Und jetzt, wo deine Frau Mami ist, kommt das Prinzip Mutter zu dir zurück. Mit all seinen Ratschlägen, Kritikpunkten und Forderungen. Und das Prinzip Spaßfaktor ist passé, jedenfalls bis auf Weiteres. Männerabende mit den Kumpels? Vergiss es. Das Baby ist erkältet und die Mami erschöpft. Kleines Bierchen vor dem Fernseher? Kleine Kinder mögen keine Bierfahnen. Mein Nabel, der Mittelpunkt der Welt? Das war einmal!

Ein Kind, zumal ein winzig kleines, schubst seine Eltern ohne Vorwarnung in die Erwachsenenwelt, in der sie funktionieren und Verantwortung übernehmen müssen. Ältere Männer haben es deshalb leichter, sich an ihre neue Rolle zu gewöhnen: »Dadurch, dass ich bei der Geburt unseres Kindes schon dreiundvierzig war und mich gut vorbereitet hatte, konnte ich alles ganz gelassen sehen«, sagt Daniel, 47. »Meine Frau ist durcheinander, sagte ich mir, das sind nur die Hormone, das geht vorbei. Wir haben keinen Sex, auch das geht vorbei … Ich glaube, wenn mir das als Fünfundzwanzigjähriger passiert wäre, hätte unsere Ehe das nicht überstanden.«

So ist das Leben, lieber Papa, die Frau deiner leidenschaftlichen Nächte ist jetzt Mutter geworden und ihre Leidenschaft hat sich verlagert!

## Moderne Papis sind angesagter denn je

Wer sich Kinder gönnt, muss ehrlich zugeben, dass Babys, außer für in den Kinderwagen schielende, verzückte Omis, einen grottenschlechten Unterhaltungswert haben. Es sei denn, sie schlafen oder sind ansonsten stumm und niedlich. Das weiß, wer sich jemals mit Kleinkindern in ein Restaurant getraut hat, wer in die schmalen Augen der Mitreisenden gesehen hat, wenn der freie Platz neben ihnen von einer Mutter mit zappelndem Kreischkind belegt wird. Tatsache ist: Mit Baby oder Kleinkind wirst du zum Außenseiter der Spaßgesellschaft. Und nie bist du gerade in dieser Zeit anfälliger für die Verlockungen der vergangenen Zeit: Einmal durchschlafen, das wäre es! Vergiss es! Und hör auf zu jammern. Schlafen kannst du später, wenn die Kinder aus dem Haus sind. Und wenn du mal wieder vor Übermüdung am Büroschreibtisch einzuschlafen drohst, dann reiß dich zusammen. Jammernde Papis erregen kein Mitgefühl, sondern leise Verachtung. Mach lieber das Beste aus deiner neuen Situation und profitiere vom Imagewandel der modernen Papis. Denn die sind schwer angesagt.

»Seit ich ein Baby habe, werde ich ständig auf der Straße angesprochen«, wundert sich ein frischgebackener Vater. »Auch bei Frauen hab ich auf einmal total Schlag. Das ist mir nur damals so gegangen, als ich mir gerade einen Hund angeschafft hatte.«

Längst vorbei sind die Zeiten, als Väter die sprachlosen Wesen in Hosenträgern waren, die morgens das Haus verließen und nach Feierabend am liebsten ihre Ruhe haben wollten. Der moderne Papi trägt sein Baby »im Kängurubeutel«, wie Hera Lind einmal spöttisch bemerkte, der Kindersitz im Auto ist inzwischen ein Statussymbol. Der moderne Mann inszeniert sich gern als fürsorglicher, liebevoller Vater. Läuft im Anzug nebenher, wenn Klein-Gesche gerade Fahrrad fahren lernt, und genießt die Bewunderung in allen Frauenaugen. Auch bei Geschäftsterminen kommt es gut, wenn er lässig sagt: »Ich muss los, meine Kinder warten auf ihre Gutenachtgeschichte.«

Der moderne Mann inszeniert sich gern als fürsorglicher, liebevoller Vater.

Natürlich nur, wenn es nichts Wichtiges mehr zu besprechen gibt.

## Papi-Modelle gibt es mehr als genug

Welcher Papi möchte er sein? Der übermotivierte Spielplatz-Papa, der immer leicht bräunliche Apfelschnitze dabei hat? Oder der charmante Lebemann, der aussieht, als sei die Sache mit dem Kind nicht so ganz geplant gewesen, und auf dem Spielplatz oder auf Kindergeburtstagen immer ein bisschen fehl am Platze wirkt? Es dauert ein bisschen, bis »mann« die Rolle gefunden hat, die zu ihm passt. Neue Mütter erwarten da oft zu viel. Sie verlangen, dass ihr Mann, den sie bisher als erfolgreichen Geschäftsmann mit hohem Testosteronanteil schätzten, während der Schwangerschaft zur kuscheligen Zweitmutter mutiert, die mit zum Geburtsvorbereitungskurs und in den Kreißsaal geht, die mit wickelt, wäscht, kocht und putzt. Und die selbstverständlich bei der Geburt dabei ist und anschließend den Mutterkuchen im Garten oder in einer Balkonpflanze vergräbt.

»Wenn ich meiner Frau gesagt hätte, dass ich dieses Gemeinschaftshecheln und Stöhnen beim Geburtsvorbereitungskurs fürchterlich finde, wäre sie tödlich beleidigt gewesen, also habe ich mich zusammengerissen«, sagt Philip, 39, der das bei beiden Söhnen durchleiden durfte. Natürlich war er auch im Kreißsaal dabei und sah dort irritierende Bilder, die ihn derart verstörten, dass »die Erotik zwischen uns erst mal flöten ging«.

**Oskar Holzberg, Psychologe**

Geburtsbegleitung ist schön, aber auch die Hölle für Männer. Sie ist nichts für Überästheten. Früher durften die Männer nicht dabei sein, heute müssen sie es. Beides halte ich für verkehrt.

Vater werden ist nicht schwer, es gut zu finden, manchmal sehr, könnte man in Abwandlung des alten Sprichwortes sagen. Volker, 42, drei erwachsene Kinder, ist Stationschef in einem Krankenhaus und hat beobachtet: »Wenn die Kollegen Väter geworden waren, machten die plötzlich freiwillig Nachtdienst in der Klinik. Der Grund war klar – zu Hause war es stressig, in der Klinik verdienten sie wenigstens Geld. Ich selbst erinnere mich mit Grauen an die Zeit, als meine Kinder klein waren. Nächtelang ein zahnendes Baby und morgens am Frühstückstisch rechneten meine Frau und ich dann auf, wer wie oft aufgestanden ist und wer nun diesmal wieder dran ist.«

## Väter sollen am liebsten wie Brad Pitt sein

Jeder zehnte Vater, so eine Studie amerikanischer Psychologen, leidet unter postnatalen Depressionen. Und in der Zeitschrift *GEO* heißt es dazu: »Verschiedene Studien zeigten zudem, dass bis zu 65 Prozent aller werdenden Erstväter deutliche Schwangerschaftssymptome erleben … Viele erfahren psychische Wechselbäder, fallen in Depression – was auch damit zusammenhängen mag, dass sich Männer während der Schwangerschaft mindestens ebenso große Zukunftssorgen machen wie Frauen.« Und doch geht bereits jeder dritte Vater in Elternzeit, zumindest in Berlin. In einem *Brigitte*-Interview beschreibt die Politikerin Andrea Nahles die gemeinsame Verantwortung in ihrer Partnerschaft so: »Ich habe zwar gestillt, aber wir waren nie eine Mutter-Kind-Einheit, bei der sich der Vater irgendwo auf einer Planeten-Umlaufbahn befindet.« Immer mehr Männer wollen engagierte Väter sein und nicht außen vor gelassen werden. Und Brad Pitt vor Augen entspricht das genau den Erwartungen der Partnerin: Es macht sich gut, wenn man sich als hingebungsvoller Vater zeigt. Und das Kind im Tragebeutel durch Einkaufsläden trägt.

Ach ja, Sonntage! Partysünden vom Vorabend ausschlafen, Zeitung lesen, Brunch oder nach dem Frühstück noch mal mit der Liebsten ins Bett, Sport machen oder wenigstens gucken. Und jetzt? Der Sonntag beginnt genauso früh wie der Rest der Woche! Nach einem hastigen Frühstück geht es auf den Spielplatz oder zum Kinderwagenwettschieben in den Park. Unter dem Dreitagebart und hinter der Sonnenbrille blickt man in ermattete Gesichter von anderen »neuen« Vätern, die so tun, als wären sie total happy. Keiner schreit die Wahrheit in den Himmel: »Ich hasse Sonntage! Zu Hause habe ich keine Privatsphäre. Wenn ich telefoniere, hören die Kinder zu, wenn ich Zeitung lese, fragen sie: ›Spielst du mit uns? Uns ist langweilig!‹«, sagt der vierfache Vater Nicolas, 49. »Kinder sind super, aber sie nerven auch. Sich das nicht einzugestehen, halte ich für einen Fehler.« Wie schön, dass wir diesen Fehler immer wieder machen!

Es macht sich gut, wenn man sich als hingebungsvoller Vater zeigt.

Natürlich ist das Leben manchmal ungerecht und das eines Vaters ganz besonders. Vor allem Scheidungsväter können traurige Lieder davon singen, wie es sich anfühlt, als reiner Zahl-Papi nur noch am Rand des Familienlebens, wenn überhaupt, geduldet zu werden.

»Nicht nur das Kind wird einem genommen, rechtelos gegenüber dem eigenen Kind, wird man selbst wieder eines«, schreibt der Schriftsteller Thomas Hettche von der Verzweiflung eines getrennt lebenden Vaters in dem Roman *Die Liebe der Väter*. Durch die elterlichen Absprachen, die zum Machtkampf werden, bekommen die Väter so einen »Krüppelblick«, fühlen sich wie behindert und enteiert, weil sie immer nur reagieren, nie selbst agieren können. Außerdem wird wahrhaft Unmögliches von ihnen verlangt – sie sollen da sein, wenn man sie braucht, aber wenn die Mama den Papa nicht mehr und einen anderen Mann mehr liebt, sollen sie sich am liebsten in Luft auflösen, um das neue Glück nicht zu stören. Und wie beschreibt es Wilhelm Busch so richtig?

»Vater werden ist nicht schwer,
Vater sein dagegen sehr.
Ersteres wird gern geübt,
Weil es allgemein beliebt.
Selbst der Lasterhafte zeigt,
Dass er gar nicht abgeneigt;
Nur will er mit seinen Sünden
Keinen guten Zweck verbinden,
Sondern, wenn die Kosten kommen,
Fühlet er sich angstbeklommen.
Dieserhalb besonders scheut
Er die fromme Geistlichkeit,
Denn ihm sagt ein stilles Grauen:
Das sind Leute, welche trauen.«

Wilhelm Busch hatte übrigens keine Kinder.

## Ivo, 38, zwei Töchter, 2 und 5

»Meine Kraft war zu Ende und meine Gefühle leider auch. Ich habe mich getrennt, als meine Kinder ein und vier Jahre alt waren. Ich musste die ganze Familie materiell versorgen und alles wuppen, meine Frau war zu Hause bei den Kindern. Dann kam ich müde von der Arbeit nach Hause und das ›Kannst du mal und mach doch mal‹ ging los. Ich war einfach dauerüberfordert. Wenn ich dann was gesagt habe, wurde ich erst von meiner Frau angeschrien und dann kreischten auch noch die Kinder. Das habe ich nicht mehr ausgehalten. Alles hat sich potenziert mit der Geburt unserer zweiten Tochter. Man denkt, es ist einfacher, weil man schon Erfahrung hat, aber der Stress verdreifacht sich. Man wird nicht jünger, man wird dünnhäutiger und kann den Schlafentzug nicht mehr so gut wegstecken. Und wenn die Kinder im Bett sind, will man nur noch fernsehen. An Sex ist nicht zu denken, im Gegenteil, man fragt sich: Ist da auch noch ein anderes Leben außer mit Kindern und gestresster Partnerin? So wie uns geht es, glaube ich, vielen Paaren. Auf dem Spielplatz sehe ich ständig Frauen, die bestimmt monatelang keinen Sex gehabt haben.

Wir haben einfach den Zeitpunkt verpasst, uns von Anfang an konsequent Freiräume zu verschaffen. Die braucht man, gerade wenn ein Kind da ist. Seit der Trennung sind meine Kinder an fast jedem Wochenende bei mir. Was auch nicht ganz unproblematisch ist, denn ich bin in einer neuen Partnerschaft. Ob ich mit meiner Freundin wieder ein Kind möchte? Ja, schon, jedes Mal, wenn ich so ein neugeborenes Kind sehe, denke ich, ich könnte gleich wieder loslegen. Das ist nicht logisch. Ich weiß wohl, dass ich mich auf eine neue Harakiri-Fahrt einlasse.«

## Benjamin, 32, eine Tochter, 10 Monate

»Wenn das Baby schrie und nicht einschlief, war ich immer total irritiert, weil ich nicht wusste, was los ist, und Angst hatte, etwas falsch zu machen. Du kannst das Baby ja nicht fragen, was los ist, und die Wut und der Druck, der sich dabei aufbaut, den projiziere ich auf das kleine Wesen. Der Drang, ein Ventil zu finden, ist da, man denkt, jetzt schrei ich mal zurück.

Wenn du dir ein Kind wünschst, dann stellst du dir vor, wie du ihm die Welt erklärst, Wegbegleiter bist. Oder ein süßes Baby, mit dem du stolz in der Gegend herumfährst. Du stellst dir nicht vor, dass dich jemand zwei Stunden lang anbrüllt. Manchmal bin ich auch eifersüchtig auf Bea. Ich kann unser Kind nicht beruhigen, Bea nimmt es und es herrscht Ruhe. Wieso nicht bei mir? Bea hat natürlich mit dem Stillen eine unschlagbare Waffe.

Man kann sich auch nicht richtig austauschen mit anderen Eltern. Seitdem unsere Tochter geboren wurde, treffen wir nur Eltern, bei denen angeblich alles toll läuft. Jedes Gespräch entwickelt sich zu einer Kinderolympiade. Man will nur bestätigt haben: Mein Kind ist geiler als dein Kind!

Man sieht sich plötzlich anders, nicht mehr als Paar. Es ist jetzt jemand dazwischen, um den sich alles dreht. Trotzdem fühlt es sich nicht organisch an, es fühlt sich eher so an: Auf der einen Seite bin ich, der Mann, und auf der anderen Frau und Baby. Man entdeckt neue Seiten an seinem Partner, positive und negative.

Was mich an meiner Partnerin Bea am meisten stört, ist ihr Umgang mit mir. Ständig Anweisungen: Mach mal das und das, wasch ab, häng die Wäsche auf, wieso hast du keine Windeln gekauft? Bei mir selbst stört mich, dass ich unkonzentriert bin, nichts mehr richtig auf die Reihe kriege. Abends hört sich das super an, was ich so plane für den nächsten Tag, aber ich neige leider zum laissez faire und schaffe nichts. Was mir allerdings überhaupt nicht fehlt, ist der Sex. Ich fühle mich asexuell, es ist auch zu schwierig, wenn Mira im Zimmer schläft.

Ich habe immer öfter das Gefühl, ich will hier weg. Ich will rausgehen und abfeiern und überhaupt nicht an die beiden denken. Wenn ich mir vorstelle, dass es so weitergeht, kaum noch Freunde treffen, kein Kino, kein Theater, keine Kneipentouren, dann bekomme ich ganz schlechte Laune. Ich glaube, wenn man die Probleme nicht verdrängt, würde keiner mehr Kinder kriegen.«

OK, DIE NACHWUCHS-
FRAGE HABEN WIR
ERLEDIGT. WAS MACHEN
WIR JETZT ?
TIL

# »Da war doch noch was?« – Libido perdu

Es kommt der Moment im Leben jedes frischgebackenen Elternpaars, in dem es am Bettchen seines friedlich schlafenden Babys steht, tief durchatmet und ihm auf einmal einfällt, dass es ja noch dieses eine Wort gibt. Stimmt, da war noch etwas. Und dieses Etwas heißt Sex. Bei einer beidseitig kräftigen Libido war die Schwangerschaft eine erotisch höchst unerwartet aufgeladene Zeit, in der Mann und gerade auch Frau so richtig viel Spaß miteinander hatten.

Das ist leider nicht immer so, denn viele Frauen brauchen für ihre sexuelle Entspannung einen Körper, den sie gern im Spiegel betrachten. Außerdem leiden sie, egal, ob schwanger oder nicht, sowieso an dem, was amerikanische Psychologen BDD nennen, »Body Dysmorphic Disorder«, und das bedeutet so viel wie: »Egal, wie ich aussehe, ich find mich sowieso scheiße.«

Ein typisch weibliches Phänomen, das durch die Schwangerschaft natürlich verstärkt wird. Denn da gibt es leider so einiges an veränderter Optik, die bei Schwangeren für einen akuten Abfall ihrer Begierde sorgt: ballonartige Brüste, Kugelbauch, Wasser in den Beinen, strähnige Haare, nein, nicht jede werdende Mutti sieht wie aus *Gala* oder *InTouch* entsprungen aus. »Als ich im achten Monat war, lag ich mit meinem Mann am Strand«, erzählt Miriam, 38, »als er plötzlich über meine Oberschenkel strich und zu mir sagte: ›Deine Beine erinnern mich an eine Flusslandschaft.‹ Er hatte es nicht böse gemeint, trotzdem haben seine Worte mir den Rest der Schwangerschaft vermiest.«

## Das schöne Wort mit drei Buchstaben: SEX

Die meisten Männer haben kein Problem mit einer Frau, die ein Kind austrägt. Im Gegenteil, sie sind stolz darauf, dass ihr Göttertropfen in ihrem Bauch ein neues Leben zeugt. Mein Auto, mein Haus, mein Supersperma, meine Ballon-Frau. Schwellende Brüste und weiche Schenkel hat die Mehrheit der Männer noch nie abgeturnt, es sind immer nur wir Frauen, die das glauben.

Was manche Männer davon abhält, während der Schwangerschaft mit ihren Frauen zu schlafen, ist ihre blühende Fantasie. »Ich hatte Angst, dass das Erste, was mein Kind von mir sieht, meine Schwanzspitze ist«, sagt Christoph, 31. »Diese Vorstellung, die leider hartnäckig blieb, hat dafür gesorgt, dass ich im entscheidenden Moment ein zu Tode erschrockenes Babygesicht vor mir sah. Da schlaffte er natürlich ab wie Rübenblätter.«

Liebe Männer, ein für alle Mal: Das ist biologisch und medizinisch völlig unmöglich. Ihr Baby liegt mit geschlossenen Augen in einer dunklen Höhle, auch durch den Bauchnabel seiner Mutter sieht es nichts. Ihr könnt also Sex haben, solange es euch Spaß macht, und falls es eine leichte Schaukelbewegung im Mutterleib geben sollte, wird es diese als sehr angenehm empfinden.

»Ich hatte Angst, dass das Erste, was mein Kind von mir sieht, meine Schwanzspitze ist.«

Denn wenn das Kind erst einmal auf der Welt ist, ist es vorbei mit der mütterlichen Lust, weil sich dann – mindestens ein paar Monate lang – jede Art von Hautkontakt und Zärtlichkeit zwischen Mami und Baby abspielt. Papi muss da leider erst einmal draußen bleiben. Der Duft frisch geschlüpfter Babys ist für uns Mütter einfach so betörend, dass alle anderen Düfte daneben verblassen. Ganz besonders der nach Mann. Er kommt wieder, ganz bestimmt, aber es kann ein bisschen dauern. Geduld ist also angesagt, wenn die schöne, pralle Brust frei- und ans schreiende Baby gelegt wird. Geduld, wenn Mami ausnahmsweise doch ein bisschen Lust verspürt, aber es genau dann fordernd aus dem Bettchen kräht. Das natürlich direkt neben dem Ehebett steht. Stichwort: Rübenblätter.

Ja, Mami ist ein bisschen überfordert und gereizt in der ersten Zeit, auch wenn sie keine postnatale Depression hat. Was natürlich damit zu tun hat, dass es da jetzt ein kleines, süßes Wesen gibt, dessen Rundum-Sklavin sie ist und für die nächsten Jahre bleiben wird. Klar sind sie bezaubernd, diese Winzwesen mit dem Schnuckelspeck, aber sie fordern, fordern, FORDERN. Aufmerksamkeit, Zärtlichkeit, Bespaßung, Essen in flüssiger und später in fester Form, und zwar zu jeder Tages- und gern auch Nachtzeit.

Manchen geht es in dieser Zeit so wie Melanie, 33, die sich erinnert: »Ich wurde nachts wach und sah den Kopf meines Mannes riesig groß neben mir. Da wurde mir klar, dass sich alles in mir auf Größe zweiundfünfzig Zentimeter eingestellt hatte, der Mann neben mir war ein fremder Riese.« Der »Riese« glaubt nach ein paar Wochen der Verzückung, nun ist es ja mal genug mit dem Baby und er ist wieder an der Reihe. Er träumt von etwas mehr Zweisamkeit statt der Dreisamkeit. Er ahnt nicht, dass das nicht vorgesehen ist. Der jungen Mutter stehen nämlich die Stilleinlagen näher als ihr Mann.

»Nach der Geburt hatte ich keine Lust, dass noch mal jemand an mir dranhängt.« So wie Melanie geht es den meisten Frauen. Natürlich tragen die Strapazen der Geburt, ein langsam verheilender Dammschnitt oder eine Kaiserschnittnarbe nicht gerade dazu bei, dass sich die frischgebackene Mami voller Lust auf den frischgebackenen Papi stürzt. Die erste Zeit mit Baby, egal, ob es das erste, zweite oder dritte ist, verlangt von beiden Eltern ein Höchstmaß an Kraft, Ausdauer, Geduld und vor allem Humor. Denn das, was früher eine schicke Wohnung war, gleicht jetzt einer Verkehrskreuzung, auf der es zu einer Massenkarambolage gekommen ist. Babys und Kinder sind wie eine Riesenkrake, an deren tausend Tentakeln hunderttausend Sachen kleben – Windeln, Spielzeug, Hipp-Gläser ... Da, wo sie sind, wächst kein Gras, auf jeden Fall keine aufgeräumte Wohnung mehr. Und das, was früher ein aufregendes Leben mit Reisen, Partys und Shopping war, ist jetzt ein brüllendes Winzwesen, das wir erschöpft durch den Supermarkt schieben, ungeduscht und mit ungeputzten Zähnen, denn für Körperhygiene bleibt keine Zeit mehr.

Die Lust auf Sex vergeht dem Paar nicht nur in der Anfangsphase, wenn es von Babys nächtlichen Fläschchen noch ganz übernächtigt ist. Spontaner Sex bleibt später ebenso elterliches Wunschdenken, denn auch größere Kinder können Störfaktoren sein. Laute Teenies, ein Streit unter Geschwistern direkt vor der Elternschlafzimmertür – all das sind auch nicht gerade Garanten für den Elternspaß in der Horizontalen.

»Wie so oft ist alles daran gescheitert, dass kleine Füße auf den Boden patschten und eine Tür aufging und einer unserer Söhne oder beide angelaufen kamen«, klagt Biggi, 36. »Ich habe in der Kleinkindphase Sex richtiggehend verlernt, weil meine Lust einfach ausgetropft ist.« Und kommt sie dann tatsächlich wieder, reicht die Zeit häufig nur für ein schnelles, verstohlenes Nümmerchen. Denn ab der Pubertät gehen die Kinder oft später als man selbst ins Bett und könnten jeden Moment ins Zimmer kommen, weil ihnen noch etwas eingefallen ist, was sie am nächsten Tag unbedingt brauchen. Die Unterschrift unter einer versauten Mathematikarbeit zum Beispiel.

»Ihr habt noch Sex? Wieso das denn, ihr seid doch schon über vierzig?«, fragte eine Dreizehnjährige ihre Eltern, die sie »dabei« erwischt hatte. »Könnt ihr das mir zuliebe bitte in Zukunft mal lassen?«

Tja, wer sagt eigentlich, dass Kinder glücklich machen?

Zu ihrem großen Glück sind Babys so unglaublich niedlich, ihr Duft aus Puder und Babyhaut, ihre dicken Ärmchen und Beinchen, ihr weicher Haarflaum, dass all das uns davon abhält, sie nach ein paar schlaflosen Nächten wieder ins Krankenhaus zurückzubringen. Und weil das so ist und wir nach einem Endlostag von unserem Monsterbaby mit dem Anblick eines friedlich schlafenden Engelchens belohnt werden und weil wir wissen, dass sich die Mühe lohnt, rücken wir Frauen mit unseren Bedürfnissen klaglos in die zweite Reihe. Zum Glück wissen wir zu diesem Zeitpunkt nicht, dass das für viele, viele Jahre so bleiben wird – und das ist auch gut so.

## Liebe Väter!

Stellt euch vor, ihr hättet das Baby aus eurem Penis gepresst oder aus einer anderen Körperöffnung, hättet ihr dann Lust auf heißen, leidenschaftlichen Sex?

Wir wissen, dass die meisten von euch in den letzten Schwangerschaftsmonaten sexuell zu kurz gekommen sind. Das wird auch zunächst so bleiben, denn eure Frauen haben gerade eine Geburt hinter sich, das heißt ganz konkret: Da, wo ihr gern einen Teil von euch hineinstecken wollt, ist euer Baby herausgekommen, es sei denn, es war ein Kaiserschnitt. Stellt euch vor, ihr hättet das Baby aus eurem Penis gepresst oder aus einer anderen Körperöffnung, hättet ihr dann Lust auf heißen, leidenschaftlichen Sex? Nein, hättet ihr nicht, sondern das sehr verständliche Bedürfnis, diese Öffnung in aller Ruhe ausheilen zu lassen.

Deshalb reißt euch zusammen und seid nicht eifersüchtig auf das Baby, weil es jetzt an dem weichen Busen saugen darf, den ihr bis dahin als euer Eigentum betrachtet habt.

Irgendwo in der Zukunft liegt die Nacht, in der eure Frau keine Kopfschmerzen mehr hat. Und ist nicht auch eine Fußmassage, mit der man seine Partnerin erfreut, etwas Wunderschönes? Na also!

**Oskar Holzberg, Psychologe**

Männer fühlen sich in ihren narzisstischen Bedürfnissen stark gekränkt und zurückgesetzt, deshalb ziehen sie sich beleidigt zurück. Die alte Symbiose fehlt, die besetzt jetzt das Kind. Es ist eben nicht nur toll mit Kind: Es schreit, ich muss aufstehen, das ist nicht mein Wunsch, aber das zählt nicht. Ich bin nicht mehr der Wichtigste. Das ist ein Gefühl, das Männer schlecht vertragen.

## Liebe Mütter!

Wir wissen, was euch in den nächsten Monaten fehlt. Nein, kein Sex, aber die Bestätigung und Anerkennung, dass es natürlich das größte Glück ist, ein Kind zu haben, aber zunächst auch der größte Stress und die größte Sorge. Gerade das erste Kind ist oft überwältigend – ein winziges Wesen, das immer da ist, immer nach uns verlangt, uns nie in Ruhe lässt. Ein Wesen, dem wir alles unterordnen müssen. So viel Verantwortung! So wenig Schlaf! Und das ganze alte Leben erst einmal auf Eis gelegt! Und in vielen Fällen ist da ein Mann, der sich vernachlässigt fühlt, den die Ausschließlichkeit des Mama-Baby-Duos irritiert. Aber wer den ganzen Tag von kleinen Kinderhändchen angefasst wird, der hat nachts keine Lust mehr auf große Männerhände. Dass Männer darauf so unwirsch reagieren, liegt ganz einfach daran, dass sie emotional wie Kinder sind. Das Baby schreit, wenn es Hunger oder Blähungen hat, der Mann hat schlechte

Laune, wenn er keinen Sex kriegt. Wie wäre es denn ab und zu mit einem kleinen Handjob? Dauert ja bestimmt nicht endlos, so sexuell aufgeladen, wie Ihr Partner gerade ist.

## Liebe Eltern!

Aber wer den ganzen Tag von kleinen Kinderhändchen angefasst wird, der hat nachts keine Lust mehr auf große Männerhände.

Seid nachsichtig miteinander. Eure Bedürfnisse in dieser Lebensphase sind oft nicht deckungsgleich. Akzeptiert das einfach und bedrängt und stresst euch nicht gegenseitig – davon wird die Stimmung auch nicht besser. Amy Sohn beschreibt es aus der Perspektive der Frau in ihrem Roman *Prospect Park West* so: »Irgendwann war sie zu verletzt, um selbst den ersten Schritt zu tun, und ihr Umgangston war mittlerweile so unterkühlt wie der zweier verfeindeter WG-Bewohner.« Seht es lieber locker, ähnlich wie Viola, 45, die nach der Geburt keine Lust mehr auf Sex hatte und ihrem Mann deshalb erlaubte fremdzugehen: »Ich weiß nicht, ob er es tatsächlich gemacht hat, vielleicht hat er sich auch nur bis zum Happy End in irgendeinem Hotel massieren lassen, auf jeden Fall haben wir die Zeit, bis ich wieder Lust hatte, gut überstanden.« Diese Lösung ist sicher nicht für jedes Paar geeignet, aber warum sollte man nicht einmal darüber nachdenken?

## Jochen, 47, vier Kinder

»Ich glaube, dass ich ein sehr verständnisvoller Ehemann bin und vor allem keiner, der seine eigene Lust über alles andere stellt. Im Gegenteil, diese triebgesteuerten Machos, die schlecht gelaunt durchs Leben stampfen, weil sie nicht jede Nacht Sex haben, waren und sind mir zutiefst unsympathisch. Deshalb habe ich mich während der vier Schwangerschaften meiner Frau und auch die Monate danach nie beschwert, dass sexuell absolut tote Hose in unserem Ehebett herrschte. Eine Geburt ist ja eine Mordsanstrengung für den Körper, es blutet, Dinge, die ich gar nicht näher wissen will, reißen ein und heilen langsam, Milch schießt in die Brüste, im Falle meiner Frau so schmerzhaft, dass ihr jede Berührung wehtat. Dass eine Frau da keine Lust auf Männerhände hat, kann ich sehr gut verstehen. Und so ein Baby ist ja auch sehr kräftezehrend, der durchlöcherte Schlaf, die ständig eingeforderte Dauerpräsenz, deshalb war ich trotz Enthaltsamkeit auch lange friedlich. Aber irgendwann hatte ich dann wieder Lust auf meine Frau und auf mein Bett. Das Problem war nur – es war eigentlich immer besetzt. Jedes Mal, wenn ich das Schlafzimmer betrat, war es wie im Hase- und Igel-Märchen – ICK BIN ALL DOR! Die Igel, das waren meine Kinder, und die besetzten meine Betthälfte. Eng umschlungen lag meine Familie da, die Kinder in die Arme ihrer Mutter gekuschelt, ein schöner Anblick eigentlich, aber einer, der mich ausschloss und immer mehr zum Außenseiter meiner eigenen Familie machte. Denn ewig konnte und wollte ich natürlich nicht auf Sexualität verzichten. Auch wenn meine Frau überhaupt keine Lust mehr zu haben schien. ›Gib mir Zeit‹, sagte sie immer, ›das wird schon wieder.‹ Aber es wurde nicht. Obwohl wir beide vor den Kindern richtig viel Spaß miteinander hatten.

Also habe ich mich ins Badezimmer geschlichen und mich dort selbst befriedigt, irgendwo musste ich ja hin mit meinem Trieb. Eine unwürdige, lächerliche Situation, ich habe sie gehasst. Und eine peinliche. Einmal kam mein Ältester, damals sieben

Jahre alt, genau in dem Moment ins Bad, als ich auch gerade … ›Papa, ist dir schlecht?‹, hat er gefragt. ›Alles in Ordnung‹, habe ich ihn beruhigt. Aber nichts war in Ordnung.

Natürlich habe ich versucht, mit meiner Frau über meinen Frust zu reden. Aber sie war immer müde, immer erschöpft, immer unzufrieden, weil ihr Haus und Kinder über den Kopf wuchsen. ›Ich hab den ganzen Tag kleine Hände an meinem Körper‹, sagte sie oft, ›da will ich abends im Bett einfach keine großen haben. Das hat nichts mit dir zu tun.‹

Irgendwann hatte ich einfach die Schnauze voll und habe eine Affäre mit einer jungen Kollegin angefangen. Es war mein Glück, dass auch sie verheiratet ist und nicht mehr von mir wollte als ein paar entspannte Mittagspausen. Ich bin ihr sehr dankbar, dass sie mir damit mein Selbstvertrauen und, ja, meinen Druck genommen hat. Ich habe deshalb auch überhaupt kein schlechtes Gewissen.«

OB ICH DICH LIEBE? NATÜRLICH LIEBE ICH DICH! SONST WÜRDEN WIR NICHT ALL DIESE VERDAMMTEN KINDER HABEN!!
TIL

# »Jetzt bist du mal dran!« – Elternschaft ist ein Prüfstein für die Beziehung

Tatort Lufthansa-Maschine. Flug von Hamburg nach London. Der Flieger ist voll. Ein Pärchen mit Kleinkind. Die Eltern sind gereizt, der Nachwuchs ist zappelig. Mitreisende hoffen, dass sich die Kleinfamilie weit wegsetzt.

Papi zwängt sich mit Zappelmonster auf den Fensterplatz, Mami sitzt am Gang und schaut betont in eine andere Richtung. Auf ihrer Stirn glitzert ein unsichtbares »Ich liebe meine Familie über alles, aber im Moment will ich einfach nur meine Ruhe haben. Und wenn ich die nicht kriege, raste ich aus!« Papi ist so schlau, Mami nicht anzusprechen, er schnallt das Kind auf dem Schoß fest, das Kind zappelt weiter. Das Flugzeug hebt ab. »Bäääääh!« Das Kind schreit. »Vermutlich die Ohren«, tröstet die Stewardess lächelnd, »das war bei meinen auch immer so.« Die Eltern ignorieren die Stewardess.

Mami greift in ihre Tasche, holt eine *Gala* heraus, blättert geräuschvoll und leicht verbissen die Seiten um. Das Kind schreit weiter. Papi versucht, es zu beruhigen. Ohne Erfolg. Er schaut seine Frau von der Seite an, sie studiert gerade die neuesten Fotos von Brangelina – engelsgleiche Kinderschar, attraktive Eltern, sie sieht dabei nicht fröhlich aus.

»Wo ist denn der Schnuller?«, fragt Papi. Mami zuckt mit den Schultern, blättert weiter. Papi sucht nervös seine

Jackentaschen ab, den Boden zu seinen Füßen, die engen Sitzritzen. Das Baby ist jetzt ganz schlecht gelaunt. Unruhige Töne auch von den Mitreisenden, Köpfe drehen sich um. »Weißt du wirklich nicht, wo der Schnuller ist?« Jetzt ist auch Papis Stimme leicht erhöht. Ohne von der *Gala* aufzusehen, nickt Mami mit dem Kopf in Richtung Prada-Tasche, die auf dem Boden zwischen ihnen steht. Papi, schweißüberströmt, versucht, sich vorzubeugen, um an die Tasche zu kommen, quetscht dabei versehentlich das Kind, das jetzt noch lauter schreit. »Kannst du mir nicht mal helfen?«

Wer kennt ihn nicht, diesen kurzen Blickaustausch zwischen Mami und Papi? Wer gibt nach?

In Papis Augen blitzt jetzt ein Kartoffelschälmesser, ein superscharfes. Und diese Schärfe ist zielgenau auf Mami gerichtet. Mami blickt zurück.

Und jetzt kommt er, der klassische Satz aller überforderten Eltern. Sie kennen ihn. Sie haben ihn, als Ihre Kinder noch klein, niedlich und anstrengend waren, bestimmt gefühlte 869 578 Mal selbst gesagt. Und jetzt sagt Mami im Flugzeug nach London ihn. Sie sagt, nein, sie zischt: »JETZT BIST DU MAL DRAN!« Und damit wendet sie sich wieder ihrer *Gala* zu.

## Nichts ist mehr wie früher

Früher war alles viel einfacher. Papi erlegte das Bärenfell, Mami blieb zu Hause und versorgte die Brut. Das Baby lag im Körbchen neben dem Ehebett und wenn es piepte, schob Mami sich das Nachthemd hoch und legte es an die Brust. Papi schlief einfach weiter, in seiner Brust war schließlich keine Milch. Worüber er insgeheim sehr glücklich war. Außerdem musste er morgens ausgeschlafen ins Büro gehen, während Mami ihm von der Haustür aus nachwinkte, die Schürze frisch gebügelt, das Baby auf dem Arm frisch gewickelt. Gute, alte Zeit.

Seit Mami auf Gleichberechtigung pocht und Papi sie mehr oder weniger begeistert gewähren lässt, sind die Dinge wesentlich komplizierter geworden. Weil, gerade wenn beide berufstätig sind, sich die Zuständigkeiten ständig überlagern und jeder für sich das Gefühl hat, er tue mehr als der andere, ließe sich ausnutzen, müsse auch mal an sich denken. Dieses Bedürfnis ist besonders nachtaktiv, wenn beide endlich schlafen wollen. Wer kennt es nicht, das durchdringende »Nein, jetzt nicht«-Gefühl, wenn hartnäckiges, durch kein Ohropax zu verdrängendes Baby- und Kleinkindschreien in die erste Tiefschlafphase dringt. Und man sich bis auf die Knochen erschöpft erhebt und in das selig schlafende Gesicht seines Partners blickt. JETZT BIST DU MAL DRAN! Oder wenn man vor dem Zubettgehen das Kinderzimmer mühselig in einen Zustand gebracht hat, der wenigstens ansatzweise etwas mit Ordnung zu tun hat, und die entzückende Frucht unserer Lenden beim Abendessen einen Kakaobecher über den Küchentisch kippt. JETZT BIST DU MAL DRAN! Oder man in fröhlicher Runde beim Essen sitzt und Klein-Carla laut verkündet, dass sie »mal Kaka« muss.

Wer kennt ihn nicht, diesen kurzen, bedeutungsvollen Blickaustausch zwischen Mami und Papi? Wer gibt nach? Manchmal dauert dieser Austausch länger als ein kurzer »Kaka-Besuch« auf dem Klo.

In dieser Phase fühlen sich beide überfordert, Mami und Papi. Niemand da, der »Du siehst müde aus, Schatz, darf ich dir einen heißen Tee mit Honig bringen?« sagt. Dafür alle, die auf die rein rhetorische Frage »Ist es nicht wunderschön, ein Kind zu haben?« keine ehrliche Antwort erwarten. Dabei würde es den Neu-Eltern viel mehr helfen, wenn sie einfach einmal pro Tag die Fenster weit öffnen und »Ich bin am Ende! Ich will mein altes Leben zurück!« schreien dürften. Danach wären sie vermutlich viel entspannter.

Es ist nämlich richtig viel psychologischer Druck, der sich aufbaut, wenn zwei Menschen, deren Leben bisher um Karriere, Freizeit und die Frage »Wie machen wir uns das Leben noch schöner?« kreiste, plötzlich rund um die Uhr für ein anderes Wesen zuständig sein müssen. Und es nicht mehr um ihre Lust oder ihre berufliche Selbstverwirklichung geht, sondern ganz einfach nur ums Überleben. Um das ihres Kindes nämlich.

Die typische Lifestyle-Familie mit Mitte dreißig: Die Eltern sind hip, sie haben den richtigen Bugaboo-Kinderwagen, die tollen Baby-Accessoires und das Bild im Kopf, dass sich trotz Kind so wenig wie möglich ändert. Eigentlich gar nichts. Besser noch, dass sich mit dem Baby erst das wahre Lebensglück einstellt, denn die Bilder, die werdende Eltern im Kopf haben, sind hartnäckig und vor allem sind sie rosarot mit Glitzersternchen.

Glückliche Eltern, die ihr friedlich schlafendes Kleinkind überall mit hinnehmen. Es schläft im Kino, im Restaurant, bei Freunden – es schläft eigentlich die meiste Zeit, wenn es nicht gerade lächelt, schnurzelig seine Holzspielzeuge hin- und herschiebt oder einfach nur niedliches Babysein verströmt. Ein Baby mit hohem Wohlfühlfaktor, so beruhigend wie Meeresrauschen oder Kaminfeuerknistern. Niemand, der ein Kind erwartet, jedenfalls wenn es das Erste ist, sieht sich im Geiste nächtelang mit einem Koliken-Schreihals durch die Wohnung laufen, ein paar Jahre später nachmittags auf nass geregneten Hüpfburgen herumspringen, den Anruf des Kaufhausdetektivs entgegennehmen, der sein Kind beim Klauen erwischt hat – nein, nichts davon taucht in unseren pränatalen Fantasiebildern auf. Nur schneeweiße Schäfchenwölkchen an einem blitzeblauen Himmel. Wir sind die Rama-Familie.

Und dann ist das Kind da – und alles ist anders. ALLES.

Nichts ist mehr wie früher. NICHTS.

Und es wird auch nie wieder wie früher sein.

NIE WIEDER.

Unser Kind ist da.

Und wir werden es lieben.
Und es wird uns glücklich machen.
Aber es wird uns auch Kummer und Sorgen bereiten.
Immer beides – Glück und Sorge. Stolz und Kummer.
Freude und Ärger.
Ein Leben lang.

## Wer sagt, dass Kinder glücklich machen?

»Das tun sie, weiß Gott, nicht immer«, sagt Hanna, 48. »Ich finde meine beiden Söhne, sechzehn und einundzwanzig, manchmal furchtbar anstrengend. Vor allem sind sie so streitsüchtig. Wir sind beim Abendessen, alles ist friedlich, einer fängt an, der andere kontert, plötzlich ist ein Riesenzoff da, alle schreien sich an, einer verlässt türenknallend die Küche, ich hasse es! Kürzlich habe ich gelesen, dass Eltern im Durchschnitt depressiver sind als Nichteltern. Ich beobachte das auch in meinem Freundeskreis, die Kinderlosen gehen viel liebevoller miteinander um, sie unternehmen mehr, haben mehr Spaß. Aber keiner spricht es aus. Alle erwarten, dass man als Mutter immer so tut, als ob einem das Glück aus allen Poren trieft.«

Dass kinderlose Paare glücklicher sind als Eltern, bestätigt sogar die Wissenschaft. Ausnahmen bilden Paare, die sehr reich sind. Eltern mit durchschnittlichem Einkommen stehen dagegen ständig unter Zeitdruck, werden von Geldsorgen oder Sorgen um den Job geplagt. Kein Wunder also, dass sich vierzig Prozent aller Eltern im ersten Jahr mit Kind trennen.

Auch der Soziologieprofessor Ruut Veenhoven, Herausgeber des *Journal of Happiness Studies*, meint, dass junge Eltern über die Konsequenzen der Kinderaufzucht oftmals falsch informiert seien. Mütter und Väter, die selbst gern Großeltern wären, erzählten ihren Kindern deshalb häufig Märchen.

Und so wird das Märchen vom vorbehaltlosen Kinderglück einfach von Generation zu Generation weitergegeben. Der Glücksschub ist natürlich da, wenn die Geburt gut gelaufen ist, das Paar das Baby in den Armen hält, doch dann kommt der Alltag, und der heißt nicht mehr: »Schatz, was kann ich dir Gutes tun?« Der heißt: »Schatz, jetzt bist du mal dran!« Wo zwei waren, sind jetzt drei – und zwei kommen zu kurz.

»Uns wuchs alles über den Kopf«, sagt Hanna. »Wir haben nur noch aufgerechnet, ich hab die Kinder zur Schule gebracht, du holst sie ab. Ich hab Getränke besorgt, du gehst zum Supermarkt. Ich hab die Wäsche gemacht, du bist mit Staubsaugen dran. Das hat sich auch nicht geändert, als die Kinder in die Pubertät kamen. Allein dieser Stress mit der Hausaufgabenbetreuung ist eine Superbelastung und keiner von uns hat nach dem Job noch Lust dazu.«

»Lange habe ich gezögert, ob wir ein Kind haben sollten oder nicht«, seufzt Jan, 41. »Denn eigentlich ging es uns gut: tolle Jobs, nette Freunde, schöne Wohnung und interessante Reisen. Doch Mona wollte eine Familie. Kurz vor der Geburt habe ich schon geahnt, dass von nun an jemand zwischen uns stehen wird. Und so war es auch: Mona war für unsere Tochter rund um die Uhr verfügbar, wollte sie auch nicht betreuen lassen, war deshalb total überfordert. Ich bekam zwar Aufgaben zugeteilt, aber letztlich wusste sie alles besser. Ich hab das einfach auf Dauer nicht ausgehalten, mich zu Hause immer wie das dritte Rad am Wagen zu fühlen.« Kurz vor dem vierten Geburtstag trennten sich Jan und Mona.

Wo zwei waren, sind jetzt drei – und zwei kommen zu kurz.

Psychologen sprechen von einem regelrechten »Zuwendungsterror«, den hauptsächlich junge, unerfahrene Mütter über ihre Babys ausschütten, wobei dieser umso intensiver ist, je weniger Kinder sie haben. Einzelkinder und ihre Väter werden deshalb besonders terrorisiert.

»Meine Frau war so fanatisch mit dem Baby, dass ich es nur küssen durfte, wenn ich mir vorher die Lippen mit einem Desinfektionstuch abgewischt hatte«, sagt Eberhard, 38, ein Kind, geschieden. »Lukas war ein völlig gesundes Kind, aber sie hat sein Kinderzimmer zum Hochsicherheitstrakt gemacht, alles musste steril sein. Jedes kleine Hüsterchen war eine Lungenentzündung, jeder Schnaufer ein Atemstillstand. Ich glaube, dass manche Mütter in der Schwangerschaft und nach der Geburt einfach durchdrehen.«

Manche Mütter machen regelrechten Zuwendungsterror.

»Dieser durchaus landestypische Mittelschichtsalbtraum zwischen dreißig und vierzig verläuft ungefähr so: erst große Liebe, Party, zwei Jobs. Dann Kind, Haus am Stadtrand, pendeln, zweites Kind«, stand im *stern*, »dann Teilzeit für die Frau, finanziell am Anschlag, Hobbys weg, Freunde weg, endlose Fahrdienste, alles, wirklich alles für die optimale Entwicklung des Nachwuchses tun. Schließlich Liebe weg. Scheidung. Finanziell am Ende.« Wenn Menschen Eltern werden, passieren oft seltsame Dinge. Aus ganz normalen Mitbürgern werden über Nacht verkniffene, humorfreie Extremisten. Stets im Dienste ihres Kindes, über das sie wachen wie über eine Kiste Rohdiamanten. Jedes zahnlose Lächeln – ein kleines Wunder. Jedes Entwicklungsschrittchen – ein Nobelpreis! Und für alles hauptverantwortlich? Die superstolze Mami! Der stolzgeschwellte Papi!

Dürfen wir an dieser Stelle noch einmal ganz offen sagen, wie schrecklich wir ganz besonders diese Mütter finden? Wie sehr wir darauf hoffen, dass aus ihrem Superbaby ein Teeniemonster wird, das mit dreizehn kifft, mit fünfzehn den ersten Sex hat und mit siebzehn von der Schule fliegt? Die bewusst kinderlose Entertainerin Ina Müller, 46, sieht es in einem Interview, das sie der *Frankfurter Allgemeinen*

*Zeitung* gab, ähnlich: »Die jungen Frauen wirken auf mich irgendwie verkrampft in ihrer Lockerheit: Immer so tun, als wäre alles ganz easy, tolle Kinder, tolle Erziehung, super Mann, heißer Sex. Und ein bisschen Kohle und Status wuppen wir auch noch. Ich nehme das vielen Frauen nicht ab.« Ja, wir lieben unsere Kinder, den Wunsch, »sie einfach zurückzustopfen«, den eine Mutter auf einem Spielplatz einmal äußerte, hatten wir nur sehr selten. Aber wir hatten ihn.

Aber manchmal ist es auch verflucht anstrengend. Mütter und Väter rackern sich ab, um das Glück ihrer Kinder zu sichern. Das ist ihre Pflicht und Schuldigkeit. Aber wo bleiben sie selbst dabei? Verzicht auf das eigene Glück für das vermeintliche Glück des Kindes? »Wir lieben unsere Kinder, wir lieben uns, aber wir hassen unser Leben«, schreibt dazu passend die Schriftstellerin Jana Hensel im *ZEITmagazin*. »(...) Alle Gesetze, die das Leben in der Vor-Elternzeit bestimmten, widersprechen den Gesetzen der Kinder. Früher war man jung und schön, cool und lässig, spontan und unabhängig. Mit großer Mühe schuf man sich ein Leben, in dem man sich treiben lassen und unterwegs sein konnte, in dem man sich nicht festlegen musste. Und lange dachte man, das würde auch mit Kindern so weitergehen.« Doch dass alles genauso läuft wie vorher, ist eine Illusion, die gern die Deutschen im Speziellen spinnen, vor allem die deutsche Mutter. Ja genau, das tut sie manchmal. Vielleicht sollten wir sie einfach mal in den Arm nehmen. Oder mit ihr eine Flasche Prosecco trinken. Natürlich nur, wenn sie abgestillt hat.

## »Verdammte Scheiße, schlaf ein!«

Das Schlimmste in der Anfangsphase mit Kleinkindern ist dieser durchlöcherte Schlaf. Schlafentzug ist wie Drogenentzug, er macht einfach kirre. Der Amerikaner Adam Mansbach, selbst Vater eines Kleinkinds, hat aus der Verzweiflung heraus, dass seine Tochter nicht einschlief, einen lustigen Gedichtband herausgebracht, der sofort den Nerv der gestressten Eltern traf: »Der Wind flüstert sanft durch die Gräser, die Feldmaus rollt sich ganz klein, ich sitze hier bald eine Stunde, mein Kind, verdammte Scheiße, schlaf ein!« Das Buch ist ein Bestseller geworden. Kein Wunder, denn jede Mutter und jeder Vater kann ein Lied davon singen, wie es ist, wenn man vor dem Bettchen des Kindes steht, hoffend, es möge jetzt endlich einschlafen.

Kommt Ihnen dieser Dialog bekannt vor?

»Er schreit, hörst du das nicht…«

»Ich schlafe noch …«

»Kannst du mal gehen, ich war schon vor zwei Stunden…«

»Ich kann mich nicht bewegen…«

»Aber ich hab doch gerade…«

»Und ich bin gestern dreimal aufgestanden…«

Und wenn endlich Ruhe im Karton beziehungsweise in den Kinderbetten ist, geht das Durcheinander immer fröhlich so weiter und breitet sich aus wie ein Virus – macht aus der Wohnung eine Spielzeughalde, aus dem Elternbett einen Tummelplatz für die Familie, Kinderchaos überwuchert alles. Also, liebe Eltern, denkt immer daran: »Liebe ist nicht der erste Augenaufschlag, nicht der Urlaub unter italienischem Himmel«, schreibt die französische Autorin Éliette Abécassis in ihrem Roman *Ein freudiges Ereignis.* »Liebe ist das, was danach kommt. Wir liebten einander, wir waren verliebt und allein auf der Welt. Dann kam das Kind. Und genau da, an diesem Punkt, hat unser Abenteuer begonnen.« Deshalb warnen wir euch, liebe Eltern, wenn ihr in einer lauen Sommernacht, leicht beschwipst von einem süffigen Rosé, im Bett liegt, Lust auf Sex habt und einer von euch bereits in der Nachttischschublade nach den Kondomen kramt. Keine da! Was tun? Einfach weitermachen oder schnell zur Nachtapotheke fahren? Draußen glitzern die Sterne, drinnen glühen die Laken – ach was, wird schon nichts passieren. Und wenn, macht auch nichts, es ist ja Liebe.

Ein paar Jahre später …

Wieder eine laue Sommernacht. Sie sind mit Ihrem Sohn, den Sie vor genau fünfzehn Jahren lustvoll gezeugt haben, in einem angesagten Restaurant. Sie haben sich schick gemacht, Ihrem Sohn hängen die Haare, die seit einer Woche grün gefärbt sind, wie ein fettiger Vorhang übers Gesicht. Seine Jeans sitzt so eng wie eine Wurstpelle, auf seinem T-Shirt steht »Fuck my parents«. »So was von peinlich«, schimpft er. »Ich sitze hier in meinem Alter noch mit meinen alten Eltern. Zum Glück sieht mich hier keiner, der mich kennt.«

Draußen glitzern die Sterne, drinnen glühen die Laken – ach was, wird schon nichts passieren.

Was lernen wir daraus?

Eltern machen immer alles verkehrt.

Aber das tun wir gern.

## Die zehn häufigsten Elterntypen

Natürlich haben wir als Eltern die besten Absichten, für unsere Kinder die eierlegende Wollmilchsau zu sein. Fürsorglich, gleichzeitig cool. Respektsperson, gleichzeitig der beste Freund. Einfacher gesagt – die wichtigste Person auf der Welt. Und dann, ohne dass wir es merken, werden wir zum genauen Gegenteil. Zu Eltern, die wir niemals werden wollten, aber vielleicht längst sind.

### Die Bioladen-Eltern (Parentes mueslis)

Kennzeichen: früh ergrautes Haupthaar, Wohnungseinrichtung aus den späten Siebzigerjahren, es dominiert die Biotonne. Bioladen-Eltern zeichnen sich trotz »nachhaltiger« Ernährung durch eine auffallend ungesunde Gesichtsfarbe aus, die ihre Kinder nur deshalb nicht mit ihnen teilen, weil sie sich zwischen Tofuwurst und Sojasprosse heimlich zu McDonald's schleichen. Bioladen-Eltern haben kein Auto und benutzen beim Fahrradfahren einen Helm, der ihren Kindern schon sehr früh sehr peinlich ist. Vorgänger der Bioladen-Eltern sind die Rest-Achtundsechziger, die ihr graues Gesamthaar in Achselhöhlen und aus Nasenlöchern sprießen lassen. Männer dieser Generation tragen gern das im Gesicht, was ihre Enkel »Gesichts-Muschi« nennen.

### Die Lifestyle-Eltern (Parentes ralph laurenus)

Im Gegensatz dazu bleiben die Lifestyle-Eltern in allen Lebensbereichen bis zur Nasenspitze durchgestylt, weil sie sich von einem Baby mit tropfender Windel und vollgespucktem Strampeljäckchen doch nicht den Kauf eines eierschalenfarbenen de-Sede-Sofas vermiesen lassen. Damit Vati nicht auf seine Karriere verzichten muss, während Mutti ihr Golfhandicap verbessert, sorgt eine Nanny aus China dafür, dass Junior für seine Zukunft als Global Player zumindest sprachlich gerüstet ist. Kinder als Lifestyle-Must? Nur, wenn sie möglichst wenig stören.

## Die Kraken-Eltern (Parentes ueberstuelpus)

Sie verharren im Irrglauben, dass ihr Nachwuchs auch jenseits der Pubertät noch gern mit ihnen zusammen ist. Vom normalen Verkalkungsprozess auf wunderliche Weise verschont geblieben, ziehen sie sich nicht, wie andere Eltern, abends vor den Fernseher mit Schnittchen zurück, sondern »chillen« mit ihren peinlich berührten Kindern in angesagten Klubs und Discos, tragen Skinny-Jeans und sagen Sätze wie »Was geht ab, Alter?«. In ihrem hartnäckigen Wahn, ihren Kindern damit etwas Gutes zu tun, haben sie fast etwas Rührendes.

## Die Bildungs-Eltern (Parentes einsteinis)

Dieser Elterntyp sieht ihren Erziehungsauftrag ausschließlich darin, ihre Kinder so belesen, informiert und bebrillt zu machen, wie sie es selbst sind. Statt PC-Spiele gibt es Musikunterricht, vorzugsweise am Intellektuelleninstrument Geige. Bei gemeinsamen Mahlzeiten wird nicht gelacht, sondern die Nebenflüsse des Mississippi aufgesagt, eine Zwei minus in Chemie zieht Hausarrest und Taschengeldentzug nach sich. Der Nachwuchs der Bildungs-Eltern spaltet sich in zukünftige Nobelpreisträger und Big-Brother-Teilnehmer.

## Die Überehrgeiz-Eltern (Parentes stressinfarctis)

Sie wollen in ihren Kindern all das nachholen, was sie selbst nicht geschafft haben, und je mehr das ist, desto mehr erhoffen sie sich. Im Unterschied zu den Bildungs-Eltern erwarten die Überehrgeiz-Eltern nicht nur weit überdurchschnittliche Zeugnisse und einen Doktortitel vor dem dreißigsten Geburtstag, sondern auch einen Beruf oder zumindest Partner, der ihr Kind gut versorgt. Gern auch mit einem Zweitwohnsitz auf Mallorca, auf dem die Eltern überwintern können. Größtes Vorbild der Überehrgeiz-Eltern: Familie Middleton aus England.

## Die Peter-Pan-Eltern (Parentes juvenilis)

Sie wissen theoretisch, dass sie auf die fünfzig zugehen, praktisch ist das aber noch nicht zu ihnen durchgedrungen. Im Gegensatz zu den Kraken-Eltern kleiden sie sich zwar altersgerecht, aber innerlich fühlen sie noch immer die Wildheit und Abenteuerlust eines vierzehnjährigen Pfadfinders. Besonders auf Reisen, gern im Wohnmobil oder Zelt, wo sie bei halb warmen Dosenwürstchen am Lagerfeuer von früher schwärmen. Früher war alles besser? Mag sein, aber so ist alles viel schlimmer.

## Die Verdränger-Eltern (Parentes ausreditis)

Sie lieben ihre Kinder so bedingungslos, dass sie deren missratenes Gebaren einfach nicht wahrhaben wollen. Kiffen, ritzen, saufen, vögeln? Mein Kind tut so etwas nicht, das spielt noch auf der Blockflöte, kennt Alkohol nur aus der Mon-Chéri-Kirsche und hat Sex erst in der Hochzeitsnacht. Man könnte diese Eltern natürlich mit der Nase in die Sch..., sorry, in den Schlamassel stoßen, aber selbst wenn sie ihr Kind mit dem Hut in der Hand vor dem Hauptbahnhof, eine Heroinspritze in beiden Armen, anträfen, würden sie nur »Wer hat dir denn diese bösen Spritzen in die Arme gedrückt, mein Unschuldsengelchen?« seufzen und ihrem Kind einen Kakao kochen. Mit ganz viel Sahne.

## Die Angeber-Eltern (Parentes protzis)

Diese Eltern sind der Sargnagel aller Eltern, deren Kinder nicht eins a mit Sternchen sind. Weil sie ständig Sätze wie »Mein Finn-Jacob ist in der Meisterklasse von Lang Lang, mit drei Jahren ist er da der Jüngste« fallen lassen. Angeber-Mütter mit schmalen Bankkonten sparen sich die Kinderkleidchen von Ralph Lauren vom Munde ab, damit andere Mamis auf dem Kinderspielplatz vor Neid erblassen. Angeber-Väter rasten aus, wenn ihre Söhne beim Fußball ein Tor vermasseln. Angeber-Eltern sind die Pest.

## Die Baby-Eltern (Parentes infantilitis)

Es sind meist Mütter, die einfach nicht wahrhaben wollen, dass ihre Kinder immer größer werden. »Mensch, warst du mal niedlich«, rufen sie entzückt beim Betrachten alter Babyfotos und blicken sehnsüchtig auf die winzigen Strampelhöschen, Mützchen und Kleidchen, die sie in einem Karton aufbewahrt haben. Jeder Schritt in die Selbstständigkeit ihrer Kinder wird nostalgisch beargwöhnt, die Pubertät wird zum schmerzhaften Tauziehen zwischen Mami, die am Samstag noch *Wetten, dass ..?* gucken möchte, und ihren Kindern, die endlich Party machen wollen. Und die spätestens nach ihrem Schulabschluss nach Timbuktu auswandern.

## Die Supereltern (Parentes ideales)

Das Ziel, das wir alle sehr selten erreichen, aber immer vor Augen haben sollten. Supereltern sind deshalb super, weil sie von ihren Kindern nichts erwarten, sondern ganz entspannt im Hier und Jetzt abwarten, wie die Kinder-Saat aufgeht, die sie gesät haben. Sie geben ihren Kindern Sicherheit und Geborgenheit und später »Luft unter die Flügel«. Sie begleiten, beobachten, greifen aber nur im Notfall ein, kritisieren selten, loben oft. Kurz – sie verhalten sich so, wie wir unsere Eltern gern gehabt hätten. Und wenn unsere Kinder später »Du kommst auf keinen Fall ins Altersheim« zu uns sagen, dann wissen wir, dass wir es richtig gemacht haben. Und nehmen ihr Angebot auf keinen Fall an. Denn sonst wären wir ja keine Supereltern.

TIL
WIR HABEN AUCH EIN BABY,
ABER WIR BENUTZEN ES KAUM.

# »Das Leben ist da draußen« – Hinter lauter Windeln keine Welt

Mutter zu werden, ist oft nicht leicht, aber Mutter zu sein, ohne in regelmäßigen Abständen durchzudrehen, ist Schwerstarbeit. Körperlich, seelisch, geistig. Weil nichts mehr ist, wie es einmal war, und auch nie wieder so werden wird. Daran wird auch regelmäßiger Genuss von Alkohol nichts ändern. Die Zeit als unbeschwerte Frau – vom Winde verweht. Von jetzt an werden sich höchste Freude, höchste Sorge und höchster Schrecken hoffentlich die Waage halten. Als junge Mutter wird sie nachts am Bettchen stehen und ängstlich lauschen, ob ihr Baby noch atmet. Fünfzehn Jahre später wird sie in ihrem Bett noch ängstlicher lauschen, ob ihr Teeniekind endlich nach Hause und nicht unter die Räder gekommen ist.

Und mit am allerschwersten ist die Tatsache, dass man in der Sekunde, in der die Nabelschnur durchschnitten worden ist, keine Sekunde mehr allein ist.

»Ich hätte nie gedacht, dass ich mal die Klotür offen lassen würde, nur damit das Kind nicht schreit«, sagt Marie, 38, deren sieben Monate alter Sohn Vincent jede Nacht auf ihrem Bauch verbringt. »Ich liebe mein Kind über alles, aber es gibt diese Tage, an denen ich so überreizt und übermüdet bin, dass ich gar nicht mehr weiß, warum ich überhaupt Kinder wollte.«

## Mein Kind langweilt mich

»Das ganze Studium, die Schinderei ..., alles nur, um Dinkelklößchen zu rollen und Hosenflicken aufzunähen? ... Die Frage ist berechtigt und bleibt hartnäckig: Was will ich sein? Vogelscheuche, Hausfrau, Klausfrau, Mama, breikochend, hinternwischend und fliesenscheuernd? Oder lieber wieder hinaustreten aus dem warmen Mief, hinaus auf die neonweiß umstrahlten Eisgipfel der Hackstraßenlandschaft, wo Wodka und Tequila in klaren Strömen fließen, wo immer künstlich beleuchtete Nacht herrscht und der Tag im Dämmer heruntergerasselter Rollläden verschlafen wird?« So beschreibt Anna Katharina Hahn in ihrem Roman *Kürzere Tage* die Gedanken ihrer Protagonistin Judith, einer Mutter von zwei Kindern, die sich als Hausfrau in ihr altes Leben zurücksehnt. Wenn das erste Glück vorüber, die Geburt geschafft, das Kind gesund und der Partner kaum noch vorhanden ist, weil er sich im Büro besser ausruhen kann als mit schreiendem Baby und genervter Frau, fühlen sich Mütter oft eingepfercht im Privaten. Stundenlang sind sie mit dem Baby allein zu Hause. Wenn das Baby schläft, gibt es nichts zu tun außer Hausarbeit, man hängt herum und tut nichts, was dazu geeignet wäre, das Selbstwertgefühl zu heben. Zum Glück ist da ein Wesen, weich, rosig, kleine Babygrübchen, das wir so sehr lieben, wie wir es nie für möglich gehalten hätten, das wir unter keinen Umständen je wieder missen möchten. Trotzdem würden wir nur einfach gern wieder woanders stattfinden als im Bermudadreieck von Wohnung, Supermarkt und Krabbelgruppe.

»Geht's denn nur noch um Muslikekse, musikalische Früherziehung und herausgefallene Milchzähne?«

»Wir sind den Kindern zuliebe in ein Reihenhaus ins Grüne gezogen«, sagt Katja, Mutter von zwei Kindern. »Eigentlich ist alles super. Viele Familien mit Kindern, ein Wald in der Nähe, sogar ein Schwimmbad. Trotzdem fühle ich mich wie im Gefängnis. Ich bin eine Großstadtpflanze, ich bin als Logistikberaterin ständig unterwegs gewesen und jetzt ist ein neuer Supermarkt das Highlight des Tages für mich. Und ehrlich gesagt – diese Mütter mit ihren ständigen Kinderthemen langweilen mich zu Tode. Geht's denn nur noch um Müslikekse, musikalische Früherziehung und herausgefallene Milchzähne?«

Dabei kennen wir Eltern aus der Werbung ganz anders: Lustig tollen sie mit ihren perfekt gekleideten Kindern herum, essen gesunde Würstchen und dampfen aus jeder Pore strahlendes Elternglück. Wer sich für Kinder entscheidet, so die allgemeine Erwartung, der hat auch immer Lust, mit ihnen zu spielen, zu basteln, ihnen vorzulesen. Der Satz »Es langweilt mich zu Tode, mit meinem Dreijährigen auf dem Boden zu liegen und aus bunten Holzklötzen Burgen zu bauen« ist fast so schlimm wie das Eingeständnis, im Kinderzimmer zu rauchen. Tabu. No-go. Ganz, ganz schlimm.

An dieser Stelle sei es laut gerufen: Es gibt nichts Öderes, als bei schlechtem Wetter mit kleinen Kindern ein gesamtes Wochenende zu verbringen. Der Satz »Mama, mir ist so langweilig, was spielen wir?« kann verbale Folter sein! Kinderspiele sind erst ab Mau-Mau für Erwachsene wieder halbwegs erträglich, weil ein Mensch mit dreistelligem IQ sich auf Dauer unterfordert fühlt, aus kleinen Pixi-Büchern vorzulesen oder aus bunter Knetmasse kleine Zootiere zu formen.

Tipp: Spielen Sie Memory, so früh es geht, das ist nämlich auch gut für Ihr Gedächtnis. Und Mikado lässt sich mit ein wenig gutem Willen als Geschicklichkeitsübung für Erwachsene anwenden. Wenn Sie das Gefühl haben, auch etwas für sich zu tun, können Kinderspiele sogar Erwachsenen richtig Spaß machen.

PS: Und ab und zu ein bisschen Kinderfernsehen – davon geht doch die Welt nicht unter, oder? Vor allem, wenn Sie dabei einen Krimi lesen können.

## Fluchtpunkt Szenecafé

Mami allein zu Haus? Kommt überhaupt nicht infrage! »Moderne Mütter sitzen nicht mehr isoliert zu Hause und hüten ihr quäkendes Bündel. Statt sich dem Hausfrauendasein zu ergeben, leben sie einen neuen Lifestyle. Trendige Mamas verabreden sich zum Shoppen, hängen mit ihren Kindern stundenlang in Szenecafés rum und trinken Modekaffees. Die Kleinen werden dabei gerne mit einem Kinderlatte, der nur aus Milchschaum besteht, ruhiggestellt. Gehäuft trifft man diese neue Müttergeneration in den Szenevierteln urbaner Metropolen, in denen Kinder mittlerweile zu einem echten Modeaccessoire und Statussymbol geworden sind.« So werden moderne Mütter im Titel *Das neue Wörterbuch der Szenesprachen* des Duden Verlags beschrieben. Die Cafés in den Szenevierteln deutscher Großstädte haben sich mittlerweile zu den »Dorfplätzen« im Großstadtkiez entwickelt. Manche Cafés wirken wie der Treffpunkt einer Stillgruppe mit für Nichtmütter extrem nervigen Mütterhorden, die mit ihrem Geplauder über Baby-Yoga und die neuesten Bugaboo-Modelle ihrer Umwelt tierisch auf die Nerven gehen.

»Da habe ich meine Tochter in der Kita abgegeben und will mich mit meiner kinderlosen Freundin Susa in Ruhe zum Frühstück treffen, um ein bisschen aufzutanken und über Themen zu reden, die ausnahmsweise mal nichts mit Stillen, Wundpo und Schlafdefiziten zu tun haben, und dann bin ich umgeben von schreienden und quengelnden Kindern und ihren Müttern. Genau von dem, wovor ich mal Ruhe haben wollte. Ja, auch Mütter wollen mal kinderfrei haben. Gerade Mütter«, so der Aufschrei einer Mutter, 41, aus Hamburg-Eppendorf.

Was treibt die jungen Mütter in die Cafés? Warum verstopfen sie mit ihren Kinderkarren, die immer größer zu werden scheinen, Orte, die früher nur für Erwachsene gedacht waren? Nicht jeder Gast, der in Ruhe seinen Milchkaffee oder sein Stück Mandeltorte essen möchte, hat Lust, dabei aus den Augenwinkeln auf die prall mit Milch gefüllte Brust einer offensiv stillenden Mutter zu sehen. Ein Albtraum für viele Gäste: Mamis mit kreischenden Kleinkindern überall dort, wo sie Menschen stören, die einfach keine Lust auf Kinderlärm haben. Warum sind sie nicht auf dem Spielplatz? Ganz einfach. Weil es Mütter sind, die nichts verpassen wollen. Die sich, auch wenn die Milch noch in den Still-BH tropft und der Postpartum-Babyspeck statt in Größe 36 nur in Größe 44 passt, nach wie vor wie junge, hippe Karrierefrauen im eng anliegenden Prada-Kostüm fühlen wollen. Auch wenn sie mit dem iPhone keinen Flug nach Dubai buchen, sondern ihren Mann daran erinnern, auf dem Weg nach Hause die Pampers-Packung nicht zu vergessen. Im Mamirudel zelebrieren sie bei Latte macchiato, Bionade und Ginkgo-Drinks ihr Mutterdasein.

»Ja, auch Mütter wollen mal kinderfrei haben.«

»Ich wollte wieder ein Stück ins normale Leben zurück, das die Geburt meiner Tochter in tausend Stücke gesprengt hat. Zu Hause zwischen Sofa und Küche fällt mir die Decke auf den Kopf. Eine Cola Zero mit einer Freundin als Hoffnungsschimmer, dass mein Leben auch mit Kind weiter reicht als bis zum Wickeltisch oder der automatischen Milchpumpe«, seufzt eine Mutter, 28, aus Berlin-Friedrichshain.

Nur leider verwechseln die Kinder – welch ein Wunder – das Café mit einem Abenteuerspielplatz: Sie kreischen, rennen herum, klopfen mit den Löffeln auf den Tisch, manche hauen und boxen Gäste, während Mami entspannt in eine andere Richtung schaut und sich mit stoischer Ruhe in ihr Getränk versenkt.

Doch sobald sich ein Gast beschwert, wird die Mami ganz, ganz böse: »Ich erziehe mein Kind selbst!« Oder es kommt dieser »Mit dir Kinderhasserin rede ich sowieso nicht«-Blick.

Gefolgt wird er von einem gelangweilten »Finn-Rafael, komm zu Mami, die Dame fühlt sich gestört.« Ja, die Dame fühlt sich sogar sehr gestört, genau so, als wenn sie mit ihrer Profilsohle in frische Hundescheiße tritt und Frauchen dann fragt: »Haben Sie etwas gegen Tiere?« Nein, hat sie nicht, aber gegen Hundescheiße.

Nicht jeder findet Ihr Kind so einmalig wie Sie!

Und während die Mamis locker plaudern, langweilen sich ihre Kinder oft zu Tode, denn natürlich hätten sie auf dem Spielplatz mehr Auslauf und mehr Spaß als zwischen genervten Erwachsenen. Aber nein, Mami möchte ihr Leben so weiterführen wie bisher! Und auf einer harten Spielplatzbank entspannt es sich natürlich nicht so schön wie auf dem Lümmelsofa eines Coffeeshops.

Oder gibt es irgendwo auf dieser Welt ein Kind, das auf die Frage »Schatz, wozu hättest du Lust?« ganz spontan antworten würde: »Am allerliebsten würde ich jetzt mit dir in einen angesagten Szeneladen gehen, damit du in Ruhe einen Latte macchiato mit Vanillegeschmack trinken kannst. Mach dir um mich keine Sorgen, ich misch mit den anderen Kindern einfach ein bisschen die Bude auf.«

Okay, genug geschimpft. Der Wunsch, nicht restlos zwischen vollen Windeln und Apfel-Zwieback-Brei zu versauern, ist allzu verständlich – und auch durchaus erfüllbar, wenn junge Mütter nur ein paar einfache Regeln beachten:

- Behandeln Sie Ihr Kind nicht wie den Nabel der Welt, dann benimmt es sich auch nicht so, oder wollen Sie ein Gör, das nur von seinen Eltern geliebt wird?
- Achten Sie darauf, dass Ihr Kind sein Schokoladeneis nicht auf fremde Schuhe oder Hosenbeine tropfen lässt.
- Gehen Sie nur ins Café, wenn Ihr Kind ein Café von einem Spielplatz unterscheiden kann. Und am besten nur in Restaurants oder Cafés, in denen Sie vor der Kinderzeit jahrelang Stammkunde waren und viel Geld gelassen haben.

Nur dann hat man wirklich Verständnis für Ihre »kreativen« Kinder.

- Geben Sie auf jeden Fall so viel Trinkgeld, dass die genervten Kellner mit einem Lächeln das Chaos beseitigen, das Sie und Ihr Kind hinterlassen.

## Wer geht zum Spielplatz und wie überlebt man ihn?

Etwa zwanzig Buggys versperren die Sicht auf die Sandkiste, die Bänke sind mit Müttern, Omas und vereinzelt mit Vätern besetzt. An Rutsche, Schaukeln und Co. geht es zu wie an der Supermarktkasse: anstellen, warten, drankommen. Nur nicht so diszipliniert. Es wird gedrängelt und geschubst. Manche sitzen schon in den Startlöchern, um ihrem Nachwuchs zu Hilfe zu kommen oder gegen kleine Rabauken zu verteidigen. Immer wenn mehrere Mütter zusammensitzen, gibt es nur zwei Arten von Gesprächsrunden: die Jammer- und die Angeberrunde.

In der Jammerrunde wird natürlich hauptsächlich gejammert: Mein Kind schreit! Schläft nicht! Isst zu wenig. Ist schon zwei und sagt noch nicht mal »Mama«! In dieser Runde dürfen nur Sätze fallen, in denen intensiv getröstet und be-dauert wird, zum Beispiel: »Deiner zahnt? Meine hat seit sechs Wochen Dauerhusten.« – »Deine hat Verstopfung? Geh doch mal zu meiner Osteopathin, die macht die tollsten Bauchmassagen für Kleinkinder.«

In der Angeberrunde dagegen wird erzählt, was der kleine Prinz oder die kleine Prinzessin schon alles kann. Mit sechs Monaten schon sitzen! Mit neun Monaten schon laufen! Im Kindergarten schon fließend Spanisch gelernt. Wer hier mit seinem Kind nicht mithalten kann, weil es mit drei Jahren erst »Mama, pielen« sagt, geht am besten zurück in die Jammerrunde. Die Mütter in der Angeberrunde wollen vor allem eins: bewundert und gelobt werden, nach dem Motto:

»Mein Kind ist viel toller als dein Kind!« Der unausgesprochene Nebensatz dabei lautet: »Weil ich die tollere Mutter bin.«

**Oskar Holzberg, Psychologe**

Kinder werden überhöht, weil sie Teil unseres Selbst sind. Gelungene Kinder zeigen der Welt, dass auch ihre Eltern gelungen sind. Dazu kommt, dass es früher sehr viel mehr selbstverständliche Bindungen gab, zu Nachbarn, Kollegen, zur Familie. Heutzutage sind Kinder oft die einzig sichere Bindung für die Eltern.

Und genau deshalb gibt es heute viele Mütter, die über ihren Kindern wie ein Helikopter kreisen. Sie sind für ihre Umwelt so lästig wie ein Mückenschwarm im Sommer. Meiden Sie sie wie die Pest, weil sie Ihnen mit ihrer manischen Angeberei nur richtig schlechte Laune machen. Haben Sie für Notfälle eine schlagfertige Bemerkung parat, beispielsweise: »Wie schön, dass Ihre Fünfjährige schon den *Verlorenen Groschen* von Mozart spielt. Dafür kann mein Achtjähriger bereits ganz allein die Pornohefte meines Mannes lesen.«

Und dann sind da noch die Männer. Als Väter finden die meisten Männer zwischen Klettergerüst und Buddelkiste hauptsächlich am Wochenende statt, es sei denn, sie sind arbeitslos. Bevor es auf den Spielplatz geht, haben sie mit dem »Bin ich nicht toll?«-Blick und ihrem niedlichen Nachwuchs Samstagsbrötchen gekauft und den ganzen Laden mit ihrer umständlichen Bestellung »Haben Sie die mit den Körnern, die ich beim letzten Mal hatte, oder nein, lieber die dunklen oder doch ein Baguette« aufgehalten.

Männer, so beobachten Mütter, denen es ganz anders geht, reden auf Spielplätzen eher weniger miteinander, vermutlich, weil es ihnen doch etwas peinlich ist, an diesem nichtmaskulinen Ort öffentlich gesehen zu werden. Dafür telefonieren sie viel. Wer nicht telefoniert, krempelt die Ärmel hoch, bringt Einsatz und zeigt demonstrativ, was sein Kind dank Papa heute mal wieder für eine super Zeit hat. Damit können sie allerdings nicht bei allen Frauen punkten. Mehr Frauen, als Männern lieb ist, sind Männer auf Spielplätzen nämlich eher befremdlich, wenn nicht sogar unheimlich. »Ich weiß gar nicht, was das für Männer sind, die so viel Zeit haben, um hier im Sand zu buddeln. Die Frau arbeitet wahrscheinlich. Auf so einen Loser hätte ich ja gar keinen Bock«, sagt eine Mutter aus Hamburg-Eppendorf. Dagegen sind zwei Müttergruppen auf deutschen Spielplätzen besonders stark vertreten:

»Mein Kind ist viel toller als dein Kind!«

Die Supermami hat den Spielplatz in ihrer Nähe zu ihrem zweiten Wohnsitz erkoren. Dort sitzt sie jeden Tag immer auf derselben Bank, von der sie sich nur erhebt, wenn ihr Kind auf der Schaukel angeschubst werden möchte oder ein anderes ihm im Sandkasten das Schäufelchen wegnimmt. Dann wird sie zur Furie. Sie hat immer eine Vorratsdose mit leicht bräunlichen Apfelschnitzen, eine Ersatzwindel aus Stoff und ein paar Müslikekse aus dem Bioladen dabei. Supermami macht alles richtig. Während der Schwangerschaft ist ihr Körper ein heiliges Gefäß, das weder mit Nikotin noch mit Alkohol oder dem Sperma des zukünftigen Vaters in Berührung kommt. Sie gebiert natürlich, ohne Kaiserschnitt und Rückenmarkspritzen. Ist ihr Kind endlich da, darf es die ersten drei Monate nur mit desinfizierten Gummihandschuhen angefasst werden. Supermami stillt, und zwar bis zur Einschulung, und füttert allerhöchstens selbst gestampften Hirse-Brokkoli-Brei zu. Ihr Kind spielt ausschließlich mit Holzspielzeug. Jede Mutter, die es anders macht, wird mit bösen Blicken und spitzen Kommentaren bedacht wie »Ist Ihnen klar, dass Ihr Kind bei dieser Erziehung auf dem Weg zum Massenmörder ist?«.

»Schon allein diese kleinkarierten Gesprächsstoffe, den sich die Mütter hier gegenseitig liefern, verursacht bei mir Übelkeit«, sagt ihr Counterpart, die Schlampenmutti, die im Gegensatz zur Supermami ihr Leben genüsslich weiterführt und es nicht von Grund auf umgekrempelt hat. Sie sitzt immer in der Sonne, hat oft einen Caffè Latte, manchmal sogar Zigaretten dabei, und ihrem Gesichtsausdruck ist anzusehen, dass eine harte Spielplatzbank nicht zu ihren Lieblingsaufenthaltsorten gehört. Sie telefoniert häufig und dann redet sie sich die Wut von der Seele, dass sie hier ihre Zeit vergeude, dass sie eine erstklassige Ausbildung habe, aber seit das Kind da ist, nur noch Teilzeit arbeite. Wenn ihr Kind schreit, hört sie das meist erst dann, wenn es bereits so rot angelaufen ist, dass andere Mütter schon dabei sind, den Kindernotdienst anzurufen. Schlampenmutti macht alles falsch. Sie lebt auch während der Schwangerschaft weiter, gönnt sich sogar gelegentlich ein Gläschen Wein. Oft zieht sie einen Kaiserschnitt einer Vaginalentbindung vor und stillt nur kurz, weil sie wunde Nippel und pralle Milchbrüste nicht für die schönste Sache der Welt hält.

Die meisten von uns sind jedoch weder Supermami noch Schlampenmutti, sondern eine Mischung aus beiden.

Vorsicht! Gegen diese Muttertypen ist der Israel-Palästina-Konflikt ein Schaumkringel. Wenn Sie es uns nicht glauben, sehen Sie sich doch den Film *Der Gott des Gemetzels* an. Es gibt nichts, worin diese Mütter einer Meinung sind. Nichts. Niente. Nothing. Wohl an keinem Ort werden Mütterkriege stärker ausgefochten als auf Spielplätzen.

Die meisten von uns sind jedoch weder Supermami noch Schlampenmutti, sondern eine Mischung aus beiden. Und das ist auch gut so, denn sonst würden wir uns auf den Spielplätzen vermutlich an die Gurgel gehen. Damit das, egal, wer neben uns die harte Bank teilt, nicht passiert, ein paar Tipps, wie selbst Spielplätze Spaß machen können:

- Wählen Sie einen Spielplatz, der möglichst nicht in Ihrer Nachbarschaft liegt. Man fühlt sich einfach entspannter, wenn man, nachdem das eigene Kind in der Sandkiste einen Wutanfall bekommen und andere Kinder verprügelt hat, die entsetzten Mütter nicht wieder vor der eigenen Haustür trifft.
- Wenn Sie keine Supermami sind, die am liebsten neben ihrem Sprössling in der Sandkiste sitzt und ihm die Förmchen anreicht, entwickeln Sie ein Gespür für die am besten für Ihr Kind geeigneten Spielgefährten. Keine Schreibabys! Keine, deren Supermami wie ein besorgter Helikopter über ihrem Kind kreist. Haben Sie das optimale Exemplar entdeckt, platzieren Sie Ihr Kind daneben.

Augen auf, Singlemütter! Geflirtet wird nun nicht mehr auf Partys, sondern an der Sandkiste.

- Haben Sie immer kinderfreundliche Süßigkeiten dabei, nicht nur gesunde. Ein bisschen Zucker und ein Tropfen Fett haben noch keinem Kind geschadet.
- Wählen Sie möglichst eine Bank, die von der Sonne beschienen wird. Neumütter sind oft blass, weil sie zu viel Zeit in den eigenen vier Wänden verbringen.
- Ihre Lektüre sollte, da Sie oft unterbrochen werden, kein allzu anspruchsvoller Roman sein. Es empfehlen sich romantische Komödien, Kennzeichen rosa-hellblaue Cover, oder Klatschmagazine.
- Augen auf, Singlemütter! Geflirtet wird nun nicht mehr auf Partys, sondern an der Sandkiste.

»Jedes Kind hat mich mindestens eine Million Gehirnzellen gekostet.« Ja, Mütter verblöden. Weil sie zwischen Fläschchen, Windeln und viel zu kurzen Schlafhäppchen höchstens Zeit für die Überschriften in der *Bild* finden. Und hinter lauter Babys keine Welt. Und Kinderspielplätze sind für Frauen, die über einen mehr als zweistelligen IQ verfügen, eine Vorstufe zur Vorhölle. Meistens ist es kalt, die Bänke sind immer hart, die Gespräche unter Müttern so spannend wie das Blättern in einem chinesischen Telefonbuch.

Gibt es eine Alternative?

Leider nein.

Gibt es Schlimmeres?

Leider ja.

Zum Glück wissen wir nicht, was.

## Miriam, 43, eine Tochter, 2

»Blut, Schweiß und Tränen? Kann man so sagen. Aber ich war ehrgeizig, deswegen habe ich viel für die Karriere getan. Aber dann habe ich es geschafft. Ich hatte in meinem Beruf als Kamerafrau viel Spaß, war viel unterwegs, außerdem finanziell unabhängig – alles war gut, sogar bestens. Nichts fehlte. Bis auf die Liebe. Doch dann lernte ich meinen Mann kennen, verliebte mich bis über beide Ohren und plötzlich stand die Babyfrage im Raum. Sollten wir? Obwohl Benny sieben Jahre jünger ist als ich? Ich glaube, ich war in der Anfangszeit mit Benny einfach so glückshormonüberschwemmt, dass ich mir über die Konsequenzen gar nicht im Klaren war. Ich bekomme einfach ein Kind, so dachte ich, und alles läuft so weiter wie bisher. Ich bin gut organisiert, wir sind Doppelverdiener, alles kein Problem.

Tja, und dann kam Mia – und nichts war mehr so wie früher. Absolut nichts. Seitdem sind meine Nächte so kurz und durchlöchert, dass ich nur noch groggy durch die Tage schleiche. Wenn ich mich zum Yoga quäle – oft genug kommt etwas dazwischen –, dann geniere ich mich, meine Dreiviertelhose anzuziehen. Grund: Ich hatte wieder keine Zeit, meine Beine zu enthaaren. ›Die Wölfin hat wieder zugeschlagen‹, sagt meine beste Freundin dann. Sie ist natürlich Single und geht regelmäßig in den Beautysalon, um sich am ganzen Körper enthaaren zu lassen.

Da ich noch in der Mutterpause bin und nur gelegentlich frei arbeite, ist natürlich auch das Geld knapp. Ich kaufe deshalb die Haarfarbe wie in Studentenzeiten wieder im Drogeriemarkt, lasse beim Friseur nur noch schneiden und die schönen roten Stiefeletten bleiben mit einem Seufzer auch im Regal (nachdem ich mir die Modellnummer heimlich notiert habe, in der Hoffnung, sie im Internet ein bisschen günstiger zu bekommen). Ich fürchte, das klingt jetzt sehr verwöhnt, aber ich finde es tatsächlich wahnsinnig schwierig, mich finanziell wieder an mein altes Studentenniveau zu gewöhnen.

Ich möchte am liebsten aufs Land ziehen, um in der vielen Zeit, die ich jetzt habe, gar nicht erst in Versuchung zu kommen, Geld auszugeben. Denn hier, in der Stadt, werde ich ständig in Versuchung geführt. Aber ich bleibe hart. Ich verkneife mir das Super-Steak, das Sushi von nebenan und mache stattdessen aufwendige Currymischungen selbst, um die eigene Küche aufzupeppen. Schließlich arbeite ich jetzt frei, bin also meist zu Hause, da muss ich wenigstens ›my inner housewife‹, wie die Amerikaner das nennen, ein bisschen herauskitzeln.

Trotzdem fällt mir oft die Decke auf den Kopf. Aber wenn mir jemand einen Job anbietet, bei dem ich tatsächlich mal wieder reisen könnte, ist das mit der Unterstützung von den Omas auch nur begrenzt möglich. Und wehe, ich nehme mal zwei Jobs hintereinander an, dann hab ich sofort die gesamte Sippe am Hals: ›Wie kannst du nur? Das Kind braucht Regelmäßigkeit, seine gewohnte Umgebung, das hättest du dir vorher überlegen sollen.‹

Ich fühle mich manchmal sehr allein mit meinem Kind. Von meiner Mutter und meiner Schwiegermutter bekomme ich leider auch nicht viel Hilfe. Ständig reiben sie mir unter die Nase, dass sie es schließlich mit zwei Kindern auch ganz leicht geschafft hätten. ›Und du hast noch einen Partner, der dich unterstützt, dein Vater hat damals nicht gewusst, wo bei der Windel hinten und vorne ist‹, sagt meine Mutter. Dass mein Mann das auch gar nicht wissen will, würde ich ihr natürlich nie sagen.

Ich habe es mir einfach leichter vorgestellt, Mutter zu sein. Ich dachte, ich wäre glücklicher. Aber darüber kann ich mit niemandem reden.

Übrigens: Toll, dass es die *ARD*-Mediathek gibt, wo man den *Tatort*, den man jetzt regelmäßig verpasst, weil das Kind immer genau sonntags erst um einundzwanzig Uhr einschläft, gucken kann, wann man will – und das die ganze Woche lang! Die braucht man nämlich auch, weil man selbst – nachdem man bis dreiundzwanzig Uhr die Küche aufgeräumt, Wäsche abgehängt und aufgehängt hat – so müde ist, dass einem nach ein paar Minuten die Augen zufallen. Wenn ich mich mit anderen Müttern über Kinder unterhalte, fallen ständig Worte wie ›Erfüllung‹, ›das Beste in meinem Leben‹, blabla. Das mag ja alles sein, ich liebe meine kleine Mia auch über alles und würde sie für nichts auf der Welt wieder hergeben, aber manchmal möchte ich einfach nur schreien. Ganz laut schreien.«

TIL
WAR DAS MEIN HANDY ODER DEIN HANDY?

# »Monster im Schlaraffenland« – Was wir damit anrichten, wenn wir unsere Kinder viel zu sehr verwöhnen

An einem ganz normalen Tag in Deutschland. In einer Pizzeria sitzt ein Ehepaar in den Vierzigern mit einem sehr hübschen Teenie, dessen gelangweilte Miene unschwer erkennen lässt, dass er zu diesem Familientreffen zwangsverpflichtet wurde. »Was möchtest du, Schatz?«, fragt die Mami sanft. Teenie blättert gelangweilt in der Speisekarte, entscheidet sich für Pizza Helsinki – Lachs mit Sour Cream. Pizza kommt, Teenie stochert leicht angewidert mit der Gabel herum, schiebt den Teller weg. »Möchtest du etwas anderes?«, fragt Papi besorgt. Teenie schmollt. An den Nebentischen wird mit den Augen gerollt. »Ein Albtraum«, flüstern sie, »wenn Eltern sich so zu Trotteln machen.«

Im Media Markt. Mami und Sohn, höchstens zehn Jahre alt, durchstreifen die Gänge. »Mami, krieg ich das neue WM-Spiel 2012?«

»Okay, aber wir sind eigentlich hier, weil wir einen neuen Staubsauger brauchen.«

»Mami, nur noch die neueste *Two and a half Men*-Staffel! Versprochen!«

»Okay, dann ist aber wirklich Schluss. Wo sind eigentlich die Staubsauger?«

Später an der Kasse. Mami legt Staubsauger, WM-Spiel und DVD-Staffel aufs Kassenlaufband, als sich zwei Kinderarme um ihre Taille schlingen. Sie lächelt. Auch dann noch, als ihr eine weiche, warme Kinderhand einen klitzekleinen MP3-Player von hinten in die Hand drückt. Kurz dreht sie sich um, sieht ihren Jungen an, der sofort sein »Bin ich nicht niedlich?«-Gesicht macht und ein flehendes »Bitte, nur noch das!« raunt. Mami lächelt und bezahlt.

## Wenn Eltern sich zu Trotteln machen

Unsere über alles geliebten Kinder, Monster im Schlaraffenland. Psychologen warnen seit Jahren vor diesem pausenlosen Konsum, der sie zu kleinen, niedlichen, später großen, sehr viel weniger niedlichen »Kaufen, haben, sonst schrei ich«-Monstern macht. Warnen vor diesem »Alles erlauben«, diesem Einknicken vor jedem Wunsch. Dort, wo von liebenden Eltern alles möglich gemacht wird, ist irgendwann nichts mehr interessant.

### Oskar Holzberg, Psychologe

Verwöhnen ist schädlich, wenn es ein Dauerzustand wird, um sich die Liebe und Zuwendung der Kinder zu erkaufen. Eltern geraten leicht in eine sogenannte hedonistische Tretmühle, das heißt, die Geschenke müssen immer größer werden, damit sie überhaupt noch positive Wirkung zeigen. Früher reichte der Gameboy, jetzt wird mindestens ein Laptop erwartet.

Manche finden solche Kinder aber auch toll, wie der Designer und Kinderfreund Karl Lagerfeld, der in einem Interview der *Frankfurter Allgemeinen Zeitung* begeistert von seinem Patenkind berichtet, das einen Monstereinstieg im Kindergarten hinlegte: »Den Jungs hat er gleich eine Ohrfeige gegeben und sie geboxt. Dann hat er, und er ist nicht mal drei Jahre alt, gesagt: ›I have nothing to do with you. I am a supermodel.‹ … Der ist zum Weglachen!« Supermodel? Sieht mehr nach einem zukünftigen Superarschloch aus. Und dürfen wir noch darauf hinweisen, dass der grauschwänzige Modeguru keine eigenen Kinder hat? Und dass wir das für einen Segen halten?

Wir sollten es gemeinsam üben, dieses kleine Wörtchen NEIN!

Selbstverstandlich wissen wir, was wir tun müssen, damit unsere Kinder gut gelingen. Genauso wie wir wissen, dass zu viel Fett, Zucker und Alkohol schlecht für uns sind. Das Zauberwort heißt: Nein!

Nein, du brauchst noch kein Handy, du bist erst sieben Jahre alt.

Nein, es gibt jetzt keine zweite Portion Pommes, du bist dick genug.

Nein, die Seven-Jeans ist zu teuer, die von H&M tut es auch.

Nein, du kannst zu deinem Geburtstag nicht mit deiner ganzen Klasse nach Mallorca fliegen.

Nein, dein Taschengeld wird nicht erhöht, hundert Euro im Monat für eine Zehnjährige sind genug.

Wir sollten es gemeinsam üben, dieses kleine Wörtchen NEIN! Woher kommt diese verdammte Unfähigkeit, es auszusprechen? Nein, nein, nein! Ganz leicht, oder? Und warum sind dann konsequente Eltern so überaus selten? Die Antwort ist einfach: Weil wir zu bequem sind, uns mit der Frustration unserer Kinder auseinanderzusetzen. Nachzugeben ist eben viel einfacher, als durchzuhalten. Und das müssen wir, denn wir haben unsere Kinder leider so angstfrei und selbstbewusst erzogen, dass ein Nein keineswegs das Ende, sondern erst der Anfang einer langen, Nerven zermürbenden Debatte ist. Eine, die wir selten gewinnen, weil sie einfach länger durchhalten als wir. Der Kampf um die Macht, bei dem wir meist die Unterlegenen sind, beginnt bereits in der ersten gemeinsamen Nacht.

Sie schreien.

Wir stehen auf und füttern sie.

Sie schreien weiter.

Wir holen sie ins Bett, wo sie, wenn wir Pech haben, die nächsten 876758 Nächte verbringen werden, und zwar als nachtaktive Windmühlenflügel, die uns an den äußersten Rand des Bettes drängen, wenn wir nicht vorher Zuflucht auf dem Sofa oder zusammengekrümmt im Kinderbett gesucht haben.

Und so geht es weiter. »Ich mag nichts Gesundes«, kreischen sie später, und wir reden uns ein, dass die Gurke im Cheeseburger schließlich auch so etwas wie Gemüse ist. Genauso wie die kleinen Paprikastücke auf der Pizza. Markenklamotten, totale Reizüberflutung im Kinder-, später Jugendzimmer – trotzdem sind unsere Engelchen nie zufrieden. Wie im Märchen *Vom Fischer und seiner Frau*, die sich vom Pisspott in den Palast quengelt und zum Schluss wieder im Pisspott sitzt. Was unseren Kindern natürlich nicht passiert, dafür sorgen wir schon, das »Portemonnaie auf zwei Beinen«, wie es Ina, 43, drei Kinder, 14, 17 und 21, gern nennt. »Ich fühle mich von ihnen manchmal richtig ausgesaugt«, sagt sie. »Immer wollen sie, brauchen sie, müssen sie etwas unbedingt haben. Früher haben sie die Milch aus meinen Brüsten gesaugt, jetzt saugen sie mein Konto leer.«

## Warum ziehen Eltern bei ihren Kindern immer den Kürzeren?

Kinder verwöhnen ist wie zu viel Alkohol trinken, keiner will es, jeder tut es, keiner gibt es gern zu. Verwöhnen tun ja immer nur die anderen Eltern. »Der größte Fehler, den ich in der Erziehung meiner beide Söhne gemacht habe, war mein Bedürfnis, sie immer nur glücklich zu machen«, sagt Cornelia, 56. »Alles wollte ich ihnen ersparen: Enttäuschungen, Kummer, Langeweile. Was ich damit erreicht habe, ist ein Zwanzigjähriger, der gerade durchs Abitur gerasselt ist, und ein Fünfundzwanzigjähriger, der gerade sein Jurastudium kurz vor dem ersten Staatsexamen hingeschmissen hat. Wer als Kind nie um etwas kämpfen musste, kann auch später nicht mit Problemen umgehen. Ihm fehlt die Stärke, sich gegen Widrigkeiten durchzusetzen, der dazu nötige seelische Muskel ist durch unsere zu lasche Erziehung einfach verkümmert.«

Warum soll es unseren Kindern schlechter gehen als uns? Klingt so richtig und ist doch so schwer umzusetzen. Weil sich das Leben einfach so viel besser anfühlt, wenn es den Kindern gut geht, wenn sie gut gelaunt und glücklich sind. Und es deshalb so viel leichter ist, einfach alles abzunicken. Wir wissen ganz genau, was wir falsch machen, und wir tun es trotzdem. Aus dem falsch verstandenen »Warum soll es unseren Kindern schlechter gehen als uns?«-Gefühl heraus. Sollen sie mit dem Fahrrad zur Uni fahren, wenn wir das dicke Auto fahren? Holzklasse fliegen, wenn wir in der Business sitzen? Sich irgendetwas versagen, wenn wir es längst geschafft haben? Außerdem wollen wir, gerade wenn wir alte Eltern sind, die es dank der Kunst eines Fertilitätsspezialisten, der sich durch uns eine goldene Nase verdient hat, eben noch geschafft haben, von unseren Kindern geliebt werden. Cool gefunden werden, auf keinen Fall so spießig, wie wir einst unsere Eltern fanden, bei denen wir uns nicht einen Bruchteil des Benehmens herauszunehmen gewagt hätten, der uns täglich geboten wird.

> Warum soll es unseren Kindern schlechter gehen als uns?

Und so wächst er heran, der verzärtelte, verwöhnte, nicht belastbare Nachwuchs. Staunend steht die Mami vor Kinderzimmern, die Verkehrskreuzungen ähneln, auf denen es zu einer Massenkarambolage gekommen ist. »Ich bin sehr ordentlich, deshalb habe ich diese Sauhaufen in den Zimmern meiner Kinder zunächst nicht ausgehalten. Ich habe gebeten, gedroht, geschimpft, es hat alles nichts genützt. Eine Zeit lang habe ich jedes Mal aufgeräumt, wenn sie weg waren, und gehofft, sie merken den Unterschied, wenn sie zurückkommen – das Gegenteil traf ein. Sie waren stocksauer, weil ich ihre Intimsphäre verletzt hatte«, sagt eine Mutter erschöpft.

Es gibt nur wenig Eltern, die sich, was versiffte, messiehafte Jugendzimmer betrifft, bei ihren Kindern durchsetzen können. Aber eine Menge, die sich jeden Tag wieder darüber ärgern.

Kommt Ihnen dieser Dialog irgendwie vage bekannt vor?

»Bitte räum endlich dein Zimmer auf.«

»Ja, gleich.«

Drei Tage später.

»Hast du endlich aufgeräumt?«

»Ich hab doch gesagt, ich mach's.«

»Aber hast du es gemacht?«

»Ja, gleich.«

»Mach's doch einfach, damit ich dich nicht immer nerven muss.«

»Dann nerv doch einfach nicht.«

Oder dieser?

»Hast du deine Bewerbung losgeschickt?«

»Mach ich morgen.«

»Warum nicht gleich, die Frist läuft ab.«

»Die läuft erst übermorgen ab.«

»Das könnte knapp werden, mach's lieber heute noch.«

»Mensch, Mama, chill doch mal.«

Oder vielleicht auch dieser?

»Ich habe ja grundsätzlich nichts dagegen, dass dein Freund hier übernachtet.«

»Wo ist dann das Problem?«

»Die Küche ist das Problem.«
»Hä, wieso das denn?«
»Weil ihr um zwölf Uhr gefrühstückt und die Küche wie einen Saustall hinterlassen habt.«
»Das machen wir schon noch.«
»Macht es bitte gleich, ich will später kochen.«
»Kannst du doch.«
»Nein, kann ich nicht, wenn alles voll steht.«
»Du willst doch nicht im Ernst, dass ich jetzt mit David deine Küche putze. Wie uncool ist das denn bitte? Wir haben uns doch gerade erst kennengelernt.«

»Mensch, Mama, chill doch mal.«

Tiefer mütterlicher Seufzer.
»Ich mach's schon selber.«
»Hab dich lieb!«
Woran liegt es also, dass wir bei unseren Kindern immer den Kürzeren ziehen? Ganz einfach: an unserer eigenen Bequemlichkeit und Konfliktscheu, an diesem Bedürfnis, geliebt zu werden, an dieser Sucht, die Kinder glücklich zu machen, mit anderen Worten – an uns! Machen wir nicht unsere Kinder dafür verantwortlich, dass sie uns so oft anstrengen und uns Sorgen machen – den Grundstein dafür haben leider wir gelegt. Haben Sie schon einmal beobachtet, wie angenehm streng erzogene Kinder sind? Und wie höflich sie zu ihren Eltern sind? Mit Kindern ist es im Grunde wie mit Hunden: Was man am Anfang an Disziplin und Konsequenz versäumt, bereut man sein Leben lang. Also sollten wir es ab jetzt einfach üben, das kleine Wort mit den vier Buchstaben.
Nein. N-e-i-n.
Geht doch.
Warum nicht gleich so? Und wo wir schon mal dabei sind:
»Es gibt erst wieder Taschengeld/Internetzugang, wenn
…du dein Zimmer aufgeräumt hast,
…du deine Scham-/Barthaare aus dem Waschbecken entfernt hast,

… du in deiner Schultasche auch etwas wiederfindest,

… sich dein Zeugnisdurchschnitt von 3,9 auf mindestens 2,9 verbessert hat,

… du alle Piercings, außer in den Ohrläppchen, dauerhaft entfernst,

… du wieder regelmäßig deine Großeltern besuchst,

… du, wenn ich dich darum bitte, ohne zu meckern und zu maulen den Mülleimer runterbringst,

… du von dir benutztes Geschirr abspülst und in die Spülmaschine stellst,

… du dich nicht auf die Haufen frisch gewaschener Wäsche fläzt, sondern sie in deinem Schrank verstaust,

… du deine schlechte Laune bitte an deinen Freunden und nicht an deinen Eltern auslässt.«

Wie schrieb es Hermann Hesse in seinem Gedicht *Stufen* so schön: »Und jedem Anfang wohnt ein Zauber inne.«

Also, fangen wir an.

Mit einem kleinen Wort, das nur vier Buchstaben hat.

NEIN.

## So erziehen Sie das perfekte Kind und überleben trotzdem!

Vermüllte Kinderzimmer? Gepiercte Teenies? Schlafen, bis der Arzt kommt? Tief Luft holen und sich an die eigene Jugendzeit erinnern.

- Drohen Sie nie »Wenn du das noch einmal machst, dann passiert etwas« an, wenn nicht auch tatsächlich etwas passiert. Mit Konsequenzen können Sie gar nicht früh genug anfangen.
- Sprechen Sie nie in Babysprache, auch mit Säuglingen nicht, es sei denn, Sie haben einen einstelligen IQ.
- Schimpfen Sie Ihre Kinder nie in der Öffentlichkeit oder vor anderen aus. Immer zur Seite nehmen oder warten, bis Sie zu Hause sind.
- Machen Sie Ihre Kinder nie lächerlich oder klein, egal, wie klein sie sind. Auch Kinder haben eine Würde, genau wie ihre Eltern.
- Sorgen Sie dafür, dass Ihr Kind sich viel bewegt. Am besten mit Ihnen gemeinsam. Müde Kinder schlafen abends besser!
- Verbieten Sie keine Süßigkeiten, sondern erlauben Sie sie einmal pro Woche, sonst nascht Ihr Liebling heimlich.
- Begluckte Kinder sind nur in Ausnahmefällen beglückte Kinder. Alle Glucken – runter vom Nest, damit die Eier in Ruhe ausbrüten können. Was nicht bedeutet, dass wir unsere Kinder sich selbst überlassen. Wir begleiten sie und sind im Notfall immer zur Stelle.
- Weisen Sie nicht mit pädagogischen Hintergedanken auf die Fähigkeiten anderer Kinder hin: »Schau mal, wie toll der Anton schon klettern kann« oder »...wie schön die Antonia schon vorliest«. Damit zerstören Sie Kinderfreundschaften und kindliches Selbstvertrauen.
- Reden Sie nie die Ängste Ihrer Kinder weg, zum Beispiel mit »Brauchst keine Angst zu haben, es gibt doch gar keine Gespenster«. Lieber fragen: »Warum hast du denn Angst vor Gespenstern?« Wenn das nichts nützt, *Das kleine Nachtgespenst* vorlesen.

- Verzichten Sie auf Sätze wie »Als ich so alt war wie du, hab ich schon als Balljunge mein Taschengeld verdient« oder »... hatte ich nur Einser in Mathe«. Das spornt nicht an, sondern nervt nur.
- Sprechen Sie bei Problemen, Ärger oder Sorgen nur mit Eltern, denen es noch schlechter geht. Wenn Ihr Kind gerade zum zweiten Mal sitzen bleibt, wollen Sie schließlich kein »Das tut mir leid für dich, mein Finn-David hat gerade zwei Klassen übersprungen« hören.
- Halten Sie immer eine Kiste mit gutem Rotwein im Keller parat.
- Und wenn es einmal ganz dicke kommt, hören Sie sich das Lied *Für Dich* von den *Söhnen Mannheims* an. Auszug: »Eltern wie Engel, Engel wie Eltern (...) Wie konntet ihr das durchstehen ohne Amoklauf und Durchdrehen?«

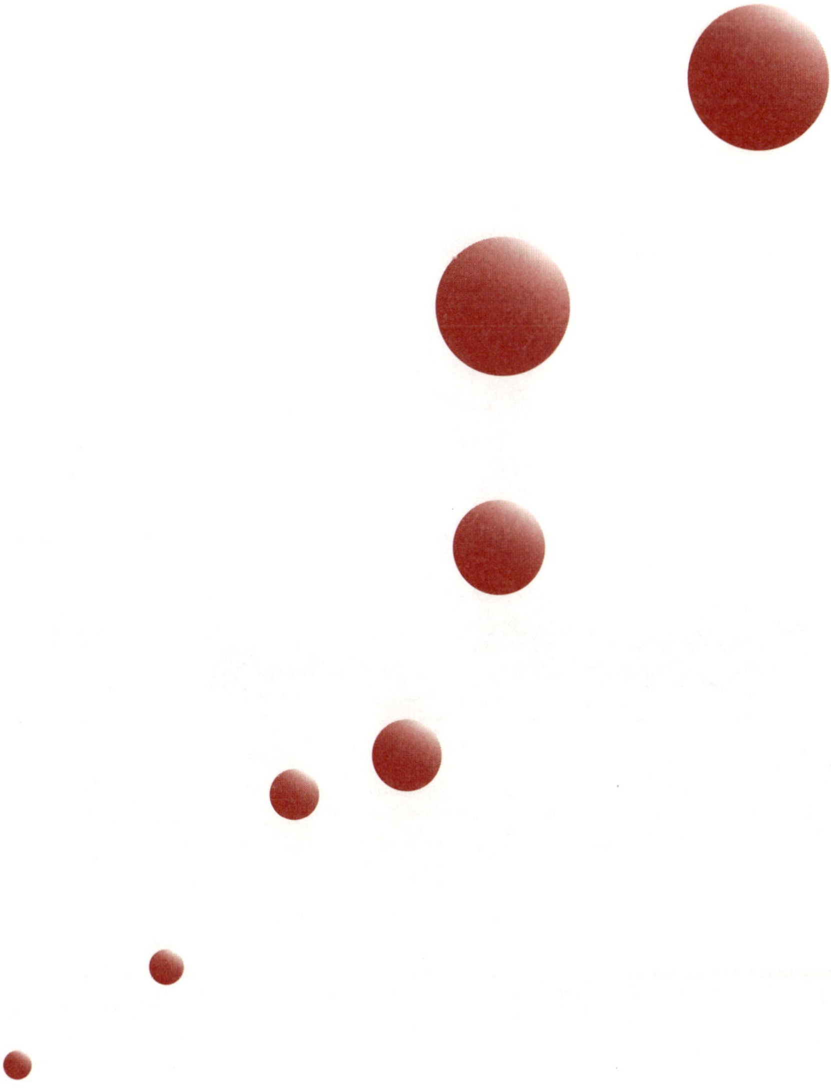

MAMA, HIER IST EIN ERZIEHUNGSRATGEBER FÜR SCHWER ERZIEHBARE KINDER, DEN DU NOCH NICHT GELESEN HAST.
KASSE
TIL

# »Eintritt in die hormonelle Vorhölle, womit nicht die Wechseljahre gemeint sind« – Die Vertreibung aus der Zauberwelt

Wir erinnern uns noch gut an diese trüben Sonntagvormittage, wenn alle Welt zu schlafen schien und nur wir völlig übermüdet mit verklebten Augen im Kinderzimmer saßen, Bauklötze hin- und herschoben, aus Pixi-Büchern vorlasen und nur einen einzigen Wunsch hatten: wieder ins Bett zurück, Decke über den Kopf und weiterschlafen. Wie kann man nur so gnadenlos wach sein, dachten wir mit leicht genervtem Blick auf unseren zwar leider nachtaktiven, dafür frühmorgens umso quietschmuntereren Nachwuchs. Oh, diese tiefe Sehnsucht nach Stille, nach Nicht-angesprochen-werden-Wollen, nach Einfach-mal-seine-Ruhe-haben-Wollen – nie war sie ausgeprägter und nie unerfüllter. Gelegentlich auch nach einem ganz spontanen Nümmerchen, falls sich noch Resthormone regten, einfach mal wieder spüren, dass man nicht nur ein erschöpftes Elternteil war, das nach monatelangem durchlöcherten Schlaf kräftemäßig auf dem Zahnfleisch ging, sondern ein Mann oder eine Frau im allerbesten, gebärfähigen Alter, voll im Saft, voll im Leben. Theoretisch jedenfalls.

Wenn Kinder klein sind, also bevor die Pubertät mit all ihrem Chaos, ihren Katastrophen und der manchmal jahrelangen Phase beginnt, in der wir sie natürlich noch lieben, diese Liebe aber nicht mehr wie ein süßer Pfirsich, sondern oft wie eine versalzene Ätzpflaume schmeckt, gibt es für all das, was sie ihren armen Eltern antun, ein ganz einfaches Gegengift. Und zwar ihre weichen, warmen Kinderärmchen, die sie um einen schlingen, während sie dabei einem »Ich hab dich sooo lieb« ins Ohr flüstern.

Wären Babys und kleine Kinder nicht so rund, so saftig, so rundherum zum Anbeißen, würden wir sie vermutlich nach der ersten schlaflosen Nacht wieder zurückgeben. Wir würden ins Krankenhaus fahren, die Nachtschwester aus der Wöchnerinnenstation klingeln und ihr mit den Worten »Tut mir leid, also das habe ich mir ganz anders vorgestellt« unser schreiendes Bündel in die Arme drücken. Und tschüss! Oder es an einer Raststätte einfach vergessen und ganz schnell weiterfahren.

## Kleinkindduft und Kinderstimmchen

So aber haben uns die kleinen, schnuckeligen Monster mit ihrer niedlichen Optik, den großen Augen, dem wunderbaren Kleinkindduft und ihren Kinderstimmchen fest im Griff. Wir können gar nicht anders, als sie von ganzem Herzen lieb zu haben, egal, ob wir kurz vor dem Brechreiz stehen, weil der Duft einer vollen Windel sogar ein Atomkraftwerk zum Schmelzen bringen würde. Egal, ob sie auf unsicheren, dicken Babybeinen mit den unwiderstehlichen Grübchen am Knie in unseren neuen Flachbildfernseher stolpern, im Ehebett zwischen uns liegen und die ganze Nacht im Tiefschlaf (leider nicht unserem!) um sich treten oder im Supermarkt einen Tobsuchtsanfall kriegen, weil wir einmal hart geblieben sind und

»Ich hab dich sooo lieb« heißt der Zaubersatz, bei dem wir alles vergessen.

ihnen keine dieser vor der Kasse ausliegenden kariesträchtigen Süßigkeiten gekauft haben.

»Ich hab dich sooo lieb« heißt der Zaubersatz, bei dem wir alles vergessen, weil nichts auf der Welt glücklicher und deshalb süchtiger macht als strahlende Kinderaugen, in denen all die Liebe und alles Urvertrauen auf dieser Welt liegen. Natürlich wissen wir, dass diese Phase begrenzt ist. Haben Sie einmal beobachtet, wohin ein Kind läuft, wenn es seine allerersten Schritte macht? Es läuft von uns weg, in die Welt hinaus.

## Die gute alte Gutenachtgeschichte

Daran sollten wir denken, wenn unsere Winzlinge »Ich will pielen!« kreischen und wir sehnsüchtig zur Zeitung schielen, während wir seufzend in die Playmobil-Kiste greifen und ausgerechnet IMMER das Teil fehlt, dessen Fehlen am meisten auffällt. Ja, sie ist anstrengend, diese Zeit der einseitigen Abhängigkeit, in der es scheint, als wollten unsere Kinder nonstop von uns bespaßt und unterhalten werden. In der sie, kaum schließen wir die Haustür auf, mit einem lauten, begeisterten »Mama!« oder »Papa!« auf uns zurasen und unsere Beine so heftig umschlingen, dass wir fast nach hinten kippen. In der sie einfach nicht genug von uns kriegen. Unersättlich sind. Und wir, schlaflos in Hannover, Schweinfurt oder Brunsbüttel, uns nicht vorstellen können, dass diese Phase jemals vorbei sein wird und wir durchschlafen, in Ruhe den *Tatort* sehen, wieder Mensch sein können.

Aber sie kommt. Die Brut schläft durch, beschäftigt sich gelegentlich allein, aber am liebsten mit uns zusammen – bis die wunderbare »Ruhe vor der Pubertätssturmzeit« folgt, die im Durchschnitt fünf bis elf Jahre dauert. Es ist die Zeit, in der unsere Kinder, jedenfalls am Anfang, noch an den Weihnachtsmann, Nikolaus und Osterhasen glauben, in der sie, wenn wir Glück haben, imaginäre Freunde haben, mit denen wir – genügend Fantasie vorausgesetzt – die allerschönsten Zauberwelten entwerfen können: von grünen Monstern mit roten Schweinsöhrchen, die am liebsten geröstete Bananen essen, bis zu türkis-orange geringelten Bettwürsten, die sich um die weichen, warmen Nacken von schlafunlustigen Kindern ringeln und ihnen Gutenachtgeschichten ins Ohr flüstern.

## Die Vertreibung aus dem Paradies

Fünf bis elf Jahre ist die Zeit, in der Sie mit Ihren Kindern überall in jeder Zauberwelt zu Hause sind. In der sie alles glauben, was wir sagen, in der wir die Allerallergrößten für sie sind. In der sie sich noch als Teil von uns anfühlen, aber schon so selbstständig sind, dass wir in regelmäßigen Abständen durchatmen können. In der sie am Samstagabend mit uns und einem Schnittchenteller vor dem Fernseher sitzen und fast jede Unternehmung, die wir vorschlagen, schrille Entzückensschreie auslöst.

Es ist die gefühlt schönste Zeit des Elternseins und wenn man sich gerade an sie gewöhnt hat, ist sie auch schon wieder zu Ende. Ohne Vorwarnung, ohne Gnade. Wir werden aus dem Paradies geschubst, mitten hinein in die Vorpubertät, die Phase zwischen Kind und Teenager, die wir, wenn wir sie erleben, oft sehr anstrengend finden und nach der wir uns in der Sekunde zurücksehnen, wenn die Pubertätshölle beginnt. Doch davon später.

»Ich bin doch kein Baby mehr, Papa«, hat sie gesagt und mir damit ein bisschen das Herz gebrochen.

»Für mich fing die Vorhölle mit diesen zähen Elternabenden an«, seufzt ein Vater, »in denen stundenlang debattiert wird, ob Müsli oder Dinkelbrötchen zum Frühstück besser sind oder warum Nico wieder so aggressiv war. Und dann diese endlosen Auf-welches-Gymnasium-kann-man-denn-sein-Kind-noch-schicken-Diskussionen. Das setzt sich fort mit: Mein Leo langweilt sich, er wird nicht genügend gefördert … Ach, was würden wir nur alles mit unserer vielen freien Zeit anfangen, wenn diese lästigen Elternabende nicht wären?«

## Weihnachtsmann und Osterhase sagen leider tschüss

Es ist hart, wenn Kinder aufhören, Kleinkinder zu sein, wenn sich die ungemütlichen Vorboten des Erwachsenwerdens nähern. Wenn sie auf einmal kritisch die kleine Stirn runzeln, wenn wir vor Weihnachten vom Weihnachtsmann und vor Ostern vom Osterhasen flöten. »Wenn du nicht lieb bist, legt der Osterhase seine Eier woandershin.« Das hielt eine Mutter für die ganz fürchterliche Drohung und traute ihren Ohren nicht, als ihr siebenjähriger Sohn ganz cool zu ihr sagte: »Mama, ich weiß doch schon lange, dass du dir den nur ausgedacht hast.«

Eltern tun sich schwer mit der Einsicht, dass ihr Kind nicht mehr an Märchen glaubt. Weil diese Flucht in kindliche Zauberwelten auch für sie eine Flucht aus dem Alltag war. »Nichts hat mich mehr entspannt, als nach einem nervigen Bürotag mit meiner kleinen Tochter vor dem Playmobil-Schloss zu liegen und mir für alle Figuren verrückte Geschichten auszudenken«, seufzt ein Vater nostalgisch. »Der Prinz hat gestottert, die Prinzessin geschielt, weswegen ich sie mit einer Stecknadel am Auge operieren musste. Und dann, kurz nach ihrem zehnten Geburtstag, hat sie das Schloss abgebaut. ›Ich bin doch kein Baby mehr, Papa‹, hat sie gesagt und mir damit ein bisschen das Herz gebrochen.«

Ja, wir vermissen sie, diese innigen Zeiten, als zwischen uns und unsere Kinder kein Blatt Papier passte. Man kann es auf der Straße sehen, wenn Eltern mit ihrem Nachwuchs unterwegs sind – vor der Pubertät wird sich an der Hand gefasst, umarmt oder eingehakt. Man redet und lacht miteinander, ein schönes Bild. Sowie die Pubertät einsetzt, geht der Heranwachsende, der uns inzwischen über den Kopf gewachsen ist, mindestens drei Schritte vor oder nach seiner peinlichen Familie, den Blick gesenkt, die Ohren mit seinem MP3-Player verstöpselt. Ach, wie gern wir diese Zeit überspringen würden!

Geht leider nicht, denn die Pubertät ist wie ein Virus: Sie kommt, wann sie will, aber sie geht auch wieder. Selbst wenn es sich ein paar Jahre lang so anfühlt, als gäbe es für uns keine Sonne mehr, nur einen langen, dunklen Tunnel ohne Ausgang, in dem wir sitzen müssen, während unser Kind ein paar Schritte weiter raucht, kifft, trinkt, sich tätowieren lässt, Sex hat und uns dabei auslacht.

## Die Nabelschnur reißt endgültig

Noch haben wir keine Zigaretten im Schulranzen gefunden, noch ist es nicht verdächtig still im Kinderzimmer, wenn unser Kind Besuch hat. Noch. Aber es gibt den Samstagabend, an dem wir immer zusammen eine DVD guckten, und es nun sagt: »Kann ich die nicht lieber mit meinen Freunden sehen?« Wir schlucken, bringen die Schnittchen ins Kinderzimmer und sitzen danach allein vor der Glotze. Nach und nach wird alles entsorgt, was unser Leben mit den Kindern so schön machte: gemeinsame Kino- oder Stadtbesuche, das Kuscheltier, ohne das die Tochter nicht einschlafen konnte – weg damit! Wir heben es auf und manchmal schnüffeln wir daran, weil es noch den Kleinkindduft hat, den wir bei unserer Tochter jetzt vermissen. Dafür schminkt sie sich, mit zwölf(!), ohne Waschbär-Augen-Make-up geht sie nicht mehr aus dem Haus.

Es geht Schritt für Schritt und jeder Schritt geht von uns weg. Loslassen, meinen Psychologen, ein Kind ist nicht auf der Welt, um seine Eltern glücklich zu machen. Auch wieder eine dieser Einsichten, die richtig, aber schwer zu befolgen ist. Verweile doch, du bist so schön, denken wir, wenn sich unsere Kinder immer mehr aus ihrer Kinderhaut schälen, die Barbie-Bettwäsche als »Geht gar nicht mehr« abziehen, keine Lust mehr auf Fußballspielen mit Papa haben, dafür lieber stundenlang am PC spielen. Oh ja, es ist brutal, es tut weh, wir spüren den Entzug bis in die Zehenspitzen, aber unaufhörlich schreitet sie voran, die Entwicklung vom liebevollen Kind zum unerträglichen Pubi. Manchmal schimmert es noch durch, das sonnige Wesen von früher, lässt sich herab, mit uns ins Kino zu gehen, sitzt im Dunkeln sogar neben uns. Wir teilen mit ihm eine Popcorntüte und sind selig. Und wenn wir ganz großes Glück haben, nimmt es sogar unsere Hand. Aber natürlich nur, wenn niemand zuguckt.

Die Pubertät ist ein Virus – sie kommt ungefragt, sie bleibt, solange sie will, aber irgendwann ist sie vorbei.

In dieser Zeit sind unsere Kinder wie scheue Rehe, alles Fordernde verschreckt sie. Ganz besonders Eltern, die aus ihrer Sicht sowieso eine fleischgewordene Peinlichkeit sind. Wenn Sie also eine warme Kinderhand in Ihrer spüren, sich Ihre Zwölfjährige vielleicht sogar zu einem Wangenkuss herablässt, der nichts damit zu tun hat, dass Sie ihr gerade einen Geldschein in die Hand gedrückt haben, dann tun Sie bitte eins: gar nichts. Auf keinen Fall zurückküssen, cool bleiben, auch wenn's schwerfällt.

Und dann, über Nacht, ist es so weit. Die Häutung ist vollzogen, aus der vorpubertierenden Larve ist ein vollpubertierender Schmetterling geschlüpft. Korrektur – eine pechschwarze Motte. Nahezu alle Eltern kennen das schöne Gefühl: Die Kinder sind aus dem Gröbsten raus, werden langsam selbstständig. Alles scheint ruhiger zu werden. Doch die Idylle trügt. Jetzt beginnt der Ernst des Elternlebens. Ziehen Sie sich warm an und denken Sie immer daran: Die Pubertät ist ein Virus – sie kommt ungefragt, sie bleibt, solange sie will, aber irgendwann ist sie vorbei.

## Die acht schrecklichsten Kindertypen

Natürlich ist unser Kind das beste, schönste, klügste, vor allem pflegeleichteste Wesen, das Eltern sich vorstellen können, und wir bereuen nicht eine Nanosekunde, es auf die Welt gebracht zu haben. Monstergören haben zum Glück immer nur die anderen.

### Der kleine Tyrann (Infantus dictatoris)

Er fordert seit seiner Geburtsminute Aufmerksamkeit total. Und zwar rund um die Uhr. Wenn er nicht schreit, hat er Blähungen, wenn er schlafen soll, kommen die Koliken, und egal, ob im Restaurant, im Park oder bei Freunden, immer hat der kleine Tyrann gerade fröhlich in die Windeln geschissen. Auch wenn der kleine Tyrann größer wird, sorgt er dafür, dass seine Eltern keine ruhige Minute haben. Mit zwölf raucht er die erste Zigarette, mit fünfzehn finden Sie Kondome in seiner Schultasche, mit dreißig bricht er die vierte Ausbildung ab, mit vierzig zeugt er uneheliche Drillinge. Schlagen Sie drei Kreuze, wenn Ihnen so ein kleiner Tyrann erspart geblieben ist.

### Das Luxusbalg (Infantus zimperlitis)

Es ist ein Kuckucksbaby mit Paris-Hilton-Genen, das seinen Eltern in die Wiege gelegt wurde und seitdem auf Luxus pur besteht. Das Luxusbalg ist vorwiegend in seiner weiblichen Form anzutreffen und in dieser (siehe Suri Cruise) besonders unerträglich. Kleine Mädchen in High Heels, größere in Prada und Gucci – das können sich nur Eltern mit einem ganz dicken Bankkonto leisten.

### Der Neunmalkluge (Infantus supernervico)

Das Kind, das alles besser weiß und dies auch vorlaut kundtut. Wehe dem Englischlehrer, dessen Zunge beim »th« nicht weit genug heraushängt. Der Neunmalkluge wird ihn vor allen Schülern darauf hinweisen. Wehe den Eltern, die beim Lesen der Speisekarte die Zucchini womöglich als »Zutschini« aussprechen. Der Neunmalkluge wird ihnen die Elternschaft aberkennen. »Ich weiß, dass ich alles besser kann«, ist das Credo, das der Neunmalkluge vor allem bei Gleichaltrigen sehr beliebt macht. Wenn die Natur gerecht ist, stattet sie ihn mit einer dicken Brille und frühen Geheimratsecken aus. Wenn man Glück hat, verwächst sich das Neunmalklugentum mit der Pubertät, sonst wird ein Guido Westerwelle draus.

## Der Pubertätshorror (Pubi horrorenimus)

Ein meist total gesichtsverpickeltes Monster, das mit Eintritt in die viel zu frühe Geschlechtsreife beschlossen hat, seine Eltern in den Wahnsinn zu treiben. Sein Lieblingsort ist sein vermülltes Bett, auf dem es tage- und nächtelang in der liegenden Position krümelt, Cola trinkt, gelegentlich kifft und vor allem im Computer gleichzeitig surft, chattet, Musik hört und sich illegal heruntergeladene Horrorfilme ansieht. Die Frage »Machst du Schularbeiten?« wird mit »Ja« beantwortet und bezieht sich auf die etwa briefmarkengroße Stelle auf dem Bildschirm, auf der sich angeblich der Lehrstoff befindet, ohne Lupe für Erwachsene allerdings nicht sichtbar. In dieser Phase dürfen sich Eltern regelmäßig betrinken.

## Der sexuelle Frühstarter (Tini sexualis)

Dieser Typ ist ein Stressfaktor in Teenagerform, der seinen eigentlich aufgeklärten Eltern ständig Dinge erotischer Natur abverlangt, die sie eigentlich noch nicht erlauben wollten. Und so horchen sie mit klopfendem Herzen an seiner Kinderzimmertür und überlegen, warum es da drinnen so still ist: Guckt ihr Kind einen Stummfilm, liest es ausnahmsweise doch ein gutes Buch oder zeugt es gerade ein kleines Enkelkind? Wand an Wand mit den Eltern Sex mit der Frühbeziehung zu haben, stresst nur die alte Generation, die junge steht postkoital entspannt halb nackt in der Küche, brät Spiegeleier und sagt: »Guten Morgen, Frau Müller, meinen Orangensaft trinke ich übrigens am liebsten frisch gepresst.«

## Das Senioren-Kind (Infantus fruehpensiones)

Im Gegensatz zum sexuellen Frühstarter ist das sogenannte Senioren-Kind eines, dessen Reifeprozess schneller verläuft als der seiner Eltern. Es ist deshalb mit maximal zehn Jahren bereits erwachsener und vernünftiger als seine Erzeuger und versucht, diese vom Rauchen, Trinken, von zu fettigem Essen und von zu wenig Sport abzubringen. Ein Senioren-Kind hat genetisch besonders geschärfte Argusaugen, mit denen es das frivole Treiben seiner Eltern überwacht, sie auch am Wochenende frühmorgens aus dem Bett scheucht und generell versucht, sie zu spaßfreien, verantwortungsvollen Erwachsenen zu erziehen. Da dieses Kind früher vergreisen wird als seine Eltern, ist es mit Vorsicht zu genießen.

## Das Peter-Pan-Kind (Infantus infantilis)

Dieser Kindertyp ist ein sonniges Wesen, der jede Verantwortung für sich ablehnt beziehungsweise bis ins hohe Alter seinen Eltern überlässt. Nach dem abgebrochenen Drittstudium zieht er wieder ins Hotel Mama. Dort trifft man ihn am späten Nachmittag am Küchentisch, wo er gemütlich frühstückt und seiner Mutter bei der Zubereitung des Abendessens zusieht. Vielleicht tritt das Peter-Pan-Kind noch vor seinem vierzigsten Geburtstag einen 400-Euro-Job in der örtlichen Bäckerei an, wahrscheinlicher ist aber, dass es einen Surfshop auf Teneriffa eröffnet, den seine Eltern finanzieren und der nach einem Monat pleitegeht. Positiv ist festzustellen, dass ein Peter-Pan-Kind meistens sehr gute Laune hat und vermutlich viele uneheliche Kinder in die Welt setzen wird.

## Das Erbschleicher-Kind (Infantus pecuniaris)

Es ist noch niedlich, wenn es seine Eltern mit fünf Jahren fragt: »Sagt mal, krieg ich alles, wenn ihr mal tot seid?« Doch wer denkt, das sei ein unschuldiger Ausrutscher, der irrt. Das Erbschleicher-Kind betrachtet seine Eltern ihr Leben lang als seinen ganz persönlichen Geldautomaten und wartet nur darauf, seine Finger auf ihr Bankkonto zu legen. Es wird ihnen, wenn sie alt sind, seine fensterlose Wäschekammer als Altersruhesitz zur Verfügung stellen, damit es die Unterbringung im Altersheim nicht bezuschussen muss. Eltern eines Erbschleicher-Kindes sollten ihren Nachlass deshalb rechtzeitig *Brot für die Welt* vermachen.

Und dann gibt es noch das Kind, das wir zu Hause haben. Das uns oft kleine und manchmal große Sorgen bereitet, das uns anstrengt, nervt, wütend macht, das wir manchmal aus dem Fenster schmeißen könnten – und für das wir trotzdem zu Fuß bis ans Ende der Welt laufen würden, wenn es uns um drei Uhr morgens anruft und fragt: »Mama? Kommst du bitte mal?« Wer sagt, dass Kinder glücklich machen? Niemand, der sie selbst erlebt. Sie tun es manchmal, aber wir lieben sie trotzdem immer.

DAS GIBT AM ENDE MEINES LEBENS MEINER BIOGRAPHIE EIN WENIG WÜRZE
TIL

# »Das hast du nicht verdient« – Eltern in der Pubertätshölle

Es gibt sie natürlich auch, die Kinder, die durch ihre Pubertät gleiten wie ein heißes Messer durch die Butter – locker, anstrengungslos, quasi ohne dass man es merkt. Sie werden dreizehn, vierzehn, fünfzehn, werden größer und ein bisschen breiter, die hohe Kinderstimme wird tiefer, aber das war's auch schon. Schwups, auf einmal sind sie erwachsen, haben einen guten Schulabschluss, finden sofort eine Ausbildungsstelle, heiraten genau den Partner, der perfekt in die Familie passt. Es gibt ja auch sechs Richtige im Lotto und Menschen über fünfzig, die ohne Diät ihre Konfirmandenfigur halten, nur leider gehören wir nicht dazu und wenn, dann haben Sie sich deshalb ganz bestimmt dieses Buch nicht gekauft.

Wir jedenfalls gehören zur großen Mehrheit der Eltern, die nachts nicht schlafen können, weil ihre sechzehnjährigen Teenies mal wieder den Zapfenstreich um zwei Uhr morgens ignorieren, die beim Kaufhausdiebstahl erwischt wurden, mit drei Zungenpiercings nach Hause kommen und für deren Zeugnisse das Wort »unterirdisch« neu definiert werden müsste. Wir sind die Eltern, die die Telefonnummer der Direktorin schon auf dem Display erkennen, die jeden Tag mit einer anderen Katastrophe rechnen und sich nicht vorstellen können, dass es mal wieder eine Zeit geben wird, in der sie nicht wie auf glühenden Kohlen darauf warten, dass entweder die Polizei, wütende Nachbarn oder volltrunkene Schulfreunde an der Haustür klingeln.

Ja, es ist stressig und es gibt niemanden, der uns tröstet, der uns in den Arm nimmt, der zu uns sagt: »Das hast du nicht verdient, du hast einen guten Job gemacht, hast dich jahrelang aufgeopfert und die undankbare Kröte, die dir zu Hause das Leben zur Hölle macht, hat dich nicht verdient.« Im Gegenteil, jedes Fehlverhalten fällt sofort auf unsere mangelhafte Erziehung zurück, die entweder zu streng oder zu lasch ist. Die schieflief, weil wir geschieden, getrennt, unglücklich oder zu innig verheiratet sind. Weil unsere Kinder Einzelkinder, Älteste, Jüngste oder adoptiert sind. Einen Grund, uns Eltern das Leben noch schwerer zu machen, gibt es für die Außenwelt immer.

Deshalb am Anfang dieses Kapitels ein paar wissenschaftliche Fakten, die uns erklären, warum aus unserem pflegeleichten, lustigen Kind über Nacht ein übel gelauntes, schweigsames Monster wurde, das uns jeden Tag aufs Neue die Stimmung vermiest.

## Das Gehirn eines Pubertierenden ist eine einzige Baustelle

Früher dachte man, das Gehirn eines Pubertierenden sei bereits ausgereift, sein Verhalten also ausschließlich hormonell bedingt. Irrtum! Es ist in den Jahren von zwölf bis zwanzig eine einzige Baustelle, auf der ständig Gerüste auf- und wieder abgebaut werden. Besonders die Großhirnrinde, die für alles Kognitive zuständig ist, erlebt einen Wachstumsschub, Nervenzellen entstehen und verzweigen sich, die Wege, auf denen das Gehirn Informationen und Emo-

Ja, es ist stressig und es gibt niemanden, der uns tröstet.

Teeniestress – die Hormone sind schuld.

tionen transportiert, werden neu justiert. Dieser Umbau dauert in den Feldern, die für Sprache und räumliche Orientierung zuständig sind, am längsten. Die Zirbeldrüse, die das müde machende Hormon Melatonin produziert, vollzieht das in dieser Phase mit bis zu zwei Stunden Verspätung – wenn also nach Mitternacht noch Licht im Kinderzimmer brennt, sind die Hormone schuld.

Die letzten Umbauarbeiten des Gehirns finden im sogenannten Präfrontalhirn statt, dem Teil des Stirnlappens, der für Gefühle und Entscheidungen zuständig ist. Dass diese Konsequenzen haben beziehungsweise Gefühle bei den Eltern auslösen, das begreift der Pubi nicht. Er reagiert nur aus dem Bauch heraus. Fahren ohne Führerschein – Polizei kommt und nimmt den Lappen weg! Diese einfache Rechnung übersteigt das pubertierende Präfrontalhirn, da nützt alles elterliche Gezeter gar nichts. Außerdem ist der Nucleus accumbens, ein Zellhaufen, der hinter den Schläfen sitzt und bei der Steuerung des Strebens nach Belohnung beteiligt ist, noch nicht vollständig ausgereift. In *GEO WISSEN* wird das in dem Artikel *Vorsicht: Umbauarbeiten!* so formuliert: »Neurobiologisch gesehen, ähneln Heranwachsende einem voll besetzten Düsenjet, der mit vibrierenden Triebwerken über die Startbahn jagt, während oben im Cockpit noch hektisch an Kontrollinstrumenten und Navigationssystem geschraubt wird.«

Na wunderbar! Teeniestress – die Hormone sind schuld. Wir müssen also mit allem rechnen, wenn in unserem Kind die Hormone toben und sein Gehirn umgerüstet wird. Ja, das Spektrum des Pubertätshorrors ist ein unendlich weites und immer, wenn wir denken: So, das war's jetzt, kommt garantiert ein Rückschlag.

Was hilft? Nur das Wissen, dass es anderen Eltern genauso geht? Vielleicht sogar noch schlimmer? Und deshalb haben wir Ihnen in diesem Kapitel all die Möglichkeiten zusammengestellt, mit der ein Teenager seinen Eltern das Leben zur Hölle machen kann – und es meistens auch tut.

### Oskar Holzberg, Psychologe

Das ist der elterliche Horroranteil an der Pubertät ihrer Kinder – früher waren sie von ihnen abhängig, jetzt geraten sie in andere Abhängigkeiten: Drogen, schlechte Freunde. Dabei denken sie nicht differenziert, sondern sind kleine Extremisten, die Gefahren überhaupt nicht abschätzen können. Sie trauen sich alles zu, werden ein Stück größenwahnsinnig. Das Schlimmste für Eltern ist die traurige Gewissheit: Ich bin außen vor!

## Jahrelanger Tiefschlaf

Okay, wir wissen jetzt: Die Zirbeldrüse ist schuld, dass unsere Kinder immer nachtaktiver werden und weit nach Mitternacht noch illegale Filme auf ihre Computer laden, mit ihren Freunden chatten oder an ihren Facebook-Profilen herumdoktern. Sie werden keine Schulaufgaben machen, sie werden kein gutes Buch lesen, es sei denn, Sie haben eines dieser vom Aussterben bedrohten Exemplare, das freiwillig den Mülleimer runterbringt und den Geburtstag seiner Patentante nicht vergisst.

Da die Schule sich aus unerfindlichen Gründen nicht nach dem veränderten Schlafrhythmus ihrer pubertierenden Schüler richtet, ist es Ihre undankbare Aufgabe, Ihr Kind morgens aus dem Koma zu rütteln. Bleiben Sie hinter ihm stehen, bis es das Haus verlässt, und genießen Sie erst danach Ihren Morgenkaffee und die Zeitung.

Rechnen Sie nicht damit, dass Ihr Teenager sich irgendetwas merkt, was Sie ihm gesagt oder angekündigt haben.

Sätze, die mit »Wenn du nicht endlich …« anfangen und mit »dann gibt es kein …« aufhören, rauschen durch seine Ohren wie eine ganz leichte Sommerbrise – in der Sekunde vergessen, in der sie die Ohren wieder verlassen. Haben Sie mal auf den Gesichtsausdruck geachtet, den ein Pubertierender macht, wenn seine Eltern auf ihn einreden? Diese leeren »Wovon redet ihr überhaupt«-Augen? Dieses angedeutete Lächeln, das ganz bestimmt nicht uns gilt, sondern dem Display seines Handys, auf dem ein Facebook-Freund ihm gerade etwas Lustiges geschickt hat? Lasst mich doch einfach in Ruhe – dieser Wunsch dampft ihm aus jeder Pore. Und genau das sollten wir auch tun: ihn in Ruhe lassen.

## Sauställe und atomare Erstschläge im Jugendzimmer

Es macht Eltern wahnsinnig, ganz besonders Mütter: Der Pubertierende betritt ein aufgeräumtes Zimmer und spätestens nach drei Minuten sieht es aus wie eine Müllhalde aus Essensresten, zerknüllten Klamotten und zerknitterten Schulbüchern. Selbst wenn die Tür fest geschlossen ist – und das ist sie meistens –, ahnt und riecht man förmlich, wie es hinter der Wand aussieht. Sie leiden, ihr Kind sagt »Chill doch einfach mal« und macht Sie mit diesen Worten mal wieder zu einer Person, die Sie nie sein wollten: verspannt, humorlos, spießig.

Rechnen Sie nicht damit, dass Ihr Teenager sich irgendetwas merkt, was Sie ihm gesagt oder angekündigt haben.

»Es gibt zwei Grundregeln, nach denen ich meine Kinder erziehe«, sagt eine Mutter. »Wenn sie sich streiten, greife ich erst ein, wenn Blut spritzt. Im übertragenen Sinn natürlich. Und die Unordnung in ihren Zimmern beseitige ich erst, wenn sie lebt. Wenn sich also ein Mäuschen unter der Tür durchquetscht.«

Also, wenn die Schlamperei und Unordnung Ihres Kindes Sie wahnsinnig machen, verhalten Sie sich am besten unerwartet. Mit disziplinarischen Maßnahmen wie »In einer Stunde ist dieser Saustall aufgeräumt, sonst gibt es kein Taschengeld« können Sie es zwar im Kleinkindalter hartnäckig versuchen, in der Pubertät tropfen diese am Saustallverursacher jedoch ab wie Öl auf der Regenhaut. Legen Sie Ihre Stimme, die sich im Stressfall oft in unangenehm schrille Höhen schraubt, ein paar Oktaven tiefer und sagen Sie stattdessen: »Du bist jetzt alt genug, um dein Zimmer selbst in Ordnung zu halten. Ich könnte es in dieser Schweinebude nicht aushalten, aber da ist jeder anders. Ich mach einfach die Tür zu, damit mich das Chaos nicht stört.« Und dann zeigen Sie Ihrem Kind, dass Sie die stärkeren Nerven haben. Im schlimmsten Fall rufen Sie in seiner Abwesenheit einen Entrümpelungsdienst an.

## Sex im Jugendzimmer?

Es gibt keine unwürdigere Situation für Eltern, als vor der fest verschlossenen Jugendzimmertür zu stehen, hinter der sich die fünfzehnjährige Tochter in jünglingshafter Begleitung befindet. Diese Begleitung trägt Schuhgröße achtundvierzig und ihr Hosenschritt hängt hip-hop-mäßig in den Kniekehlen, was die Sache nicht besser macht. Es ist totenstill, kein Mucks, kein Pieps. Die Stille macht Sie fertig. Was treiben die beiden da drin? Auf dem Kinderbett Ihrer unschuldigen Tochter, unter dem Regal mit den vierundsiebzig Beanie Babies, von denen sich Ihre kleine Prinzessin immer noch nicht trennen kann? Erst gestern haben Sie ihr Hissy, die schwarz-grüne Schlange, aufs Kopfkissen gelegt.

Sie halten die Ungewissheit nicht aus. Sie pressen tatsächlich Ihr Ohr an die Tür. Die Stille ist richtig unheimlich. Vielleicht spielen die beiden ja auch nur Mau-Mau. Vielleicht brauchen sie etwas? Einen Pfefferminztee? Ein paar belegte

Brote? Ob Sie nicht einfach mal ... anklopfen sollten? Mein Gott, mach dich jetzt nicht lächerlich, denken Sie, und gehen ins Wohnzimmer zurück. Du warst doch auch mal jung. Gerade deswegen sind Sie besorgt, WEIL Sie sich noch so gut erinnern können. An die Partys von früher, als das »Ochsenblut« aus dem Supermarkt in Strömen floss und es immer so gut nach Hasch roch ... STOPP! Dieser Gedanke treibt Sie wieder vor die Kinderzimmertür. Diesmal schnüffeln Sie am Schlüsselloch. Entweichen ihm womöglich allzu vertraute Düfte? Das erste High, was haben Sie gekichert, so sehr, dass Sie auf der Tischtennisplatte im Hobbykeller von ... wie hieß er noch? Das Wesen, mit dem Sie Ihren ersten Zungenkuss ausprobierten und das die Frechheit hatte, hinterher zu sagen: »Du nimmst zu viel Spucke dabei.« Das hat Sie jahrelang so verfolgt, dass Sie sich vorher immer die Zunge abwischten. Harald, genau, Harald mit den Schwitzehändchen ...

Ob dieser Pickelbubi wenigstens Kondome dabeihat?

Keiner kann Ihnen verbieten, sich ein paarmal laut vor der Kinderzimmertür zu räuspern. So ein langes Schweigen ist doch nicht normal! Ob dieser Pickelbubi wenigstens Kondome dabei hat? Vielleicht ist etwas passiert? Kollektiver Kreislaufkollaps wegen plötzlichen Hormonanstiegs? Obwohl – sind Sie seinerzeit ohnmächtig dabei geworden? Na also. Die beiden haben einfach Spaß. Bei dem Sie nicht erwünscht sind.

## Eltern müssen draußen bleiben

Das sind nun die Früchte Ihrer repressionsfreien Erziehung. Locker vom Hocker, FKK-Urlaub in Griechenland, Aufklärung vor dem Kindergarten. Sex ist etwas ganz Natürliches, mein Kind. Ha! Als Sie fünfzehn waren, hätten Sie niemals Wand an Wand mit den Eltern herumgeknutscht! Im Keller, auf den Polstern der eingemotteten Hollywoodschaukel, haben Sie früher … diskret, verklemmt, während Ihre Eltern ahnungslos vor dem Fernseher saßen. Gute, alte Zeit!

Und das ist erst der Anfang. Bald wird dieses verpickelte Bürschchen mit den Riesenfüßen, die hoffentlich keine Korrelation haben zu … STOPP! … Bald wird es bei Ihnen ÜBERNACHTEN. Dann werden Sie nicht mehr über den Flur Ihrer eigenen Wohnung gehen können, zumindest nicht in Ihrem alten T-Shirt und schon gar nicht nackt, denn es wird Ihnen begegnen, womöglich auch nackt. Die Jugend von heute kennt ja keine Scham mehr. Der Typ wird Ihre Toilette blockieren, Sie werden mit verbrezelten Beinen verzweifelt vor der Tür stehen und warten, bis Sie endlich dran sind. Wenn Sie Pech haben, wird er mit Ihrer Tochter ein lautes, verkichertes mitternächtliches Bad nehmen. Sie werden sich vor einem schaumigen, nackten Jungmännerkörper die Zähne putzen müssen, morgens werden Sie ihn immer noch vorfinden, wenn Sie Glück haben in Ihrem Bademantel, denn NOCH hängen seine Klamotten nicht im Schrank Ihrer Tochter. Er wird in Ihrer Küche sitzen, ganz selbstverständlich, der gesamte Kühlschrankinhalt auf dem Tisch, alles unausgewickelt in der Packung. »Sie sehen müde aus«, wird er freundlich sagen, und Sie werden sich vorstellen, wie sich sein junger Hals wohl unter Ihren Händen anfühlt, wenn Sie langsam, ganz langsam zudrücken … Der Gedanke tut irgendwie gut.

»Mami?« Im Flur klappt eine Haustür. Gott sei Dank. Er ist weg. Prinzessin setzt sich aufs Sofa. »Wie findest du ihn?« Sie leuchtet. Sie haben nicht das Herz, ihr zu sagen, dass er mit seinen Clearasil-Tupfern im Gesicht aussieht, als hätte er weiße Windpocken. Okay, das klingt alles anstrengend. Noch anstrengender wird es jedoch, wenn wir nicht junge, nicht mittelalte, sondern alte Eltern sind. Wenn Pubertät auf Menopause stößt.

Der Typ wird Ihre Toilette blockieren, Sie werden mit verbrezelten Beinen verzweifelt vor der Tür stehen und warten, bis Sie endlich dran sind.

# Die Furien

Vera, 50, saß mit ihrer dreizehnjährigen Tochter Charlie bei McDonald's, als sie ihre erste Hitzewallung bekam. Eine Woge aus Glut und Schweiß überschwemmte sie, während Charlie ihren Big Mac hinlegte und sie voller Entsetzen anschaute. »Igitt, Mama, du siehst ja schrecklich aus«, rief sie, während Vera zur Damentoilette stürzte und ihr Gesicht unter den Wasserhahn hielt. »Es war einfach grauenhaft«, erinnert sie sich, »meine erste Hitzewallung und Charlies Ekel davor. Ich fühlte mich klein, mies, ungeliebt.«

Klar, wir hatten davon gehört. Eine dumpfe Ahnung, dass es fürchterlich sein würde. Schreien, Zicken, Türenknallen – die drohende Pubertät der Tochter. Doch als wir noch jahrelang davon entfernt, noch der Mittelpunkt ihres Universums waren und ihr »Mama, ich hab dich sooo lieb« uns das Herz so wärmte, wie sonst kein Feuer dieser Welt, da kamen uns die Berichte von der Pubertätsfront wie Horrorszenarios aus einem anderen Planetensystem vor.

Es erwischte uns kalt. Eiskalt. Oft ohne Vorwarnung. Sie schliefen als Engelchen ein und wachten als garstige Pubertätsmonster wieder auf. Über Nacht wurden wir aus dem Paradies vertrieben. Ohne unser Zutun und ohne unsere Einwilligung mutierten wir von innig geliebten Mamis zu peinlichen Nervensägen, eine anstrengende Metamorphose auch in jungen Jahren, doppelt und dreifach belastend, wenn die mütterlichen Wechseljahre zeitlich zusammentreffen mit der Pubertät der Tochter. Die Hölle.

»Man kann sich nur erschießen«, beschreibt Bea, 53, die drei Schreckensjahre von vierzehn bis siebzehn, als sich ihre eineiigen Zwillingstöchter Laura und Annabelle bereits beim Aufwachen »du Arsch, du Sau, du Fotze« an den Kopf warfen. Albtraum pur. Sie versuchte, wenigstens einen Hauch von Familienleben aufrechtzuerhalten, deckte den Frühstückstisch, presste frischen Orangensaft und saß dann unglücklich zwischen ihren bestenfalls schweigenden, schlimmstenfalls keifenden Töchtern – ihr

Mann zog es seit Pubertätsbeginn vor, aushäusig zu frühstücken. Nach sechs Monaten gab sie auf, kochte auch abends nicht mehr, fing stattdessen das Rauchen wieder an. Sie schrie viel. Weinte oft. Schwankte zwischen Versagens- und Überforderungsgefühlen. »Ich war mitten im Wechsel, mein Blutdruck spielte verrückt, und wenn ich nachts schweißgebadet aufwachte – Hormone wollte ich nicht nehmen, weil meine Mutter an Brustkrebs gestorben war –, hörte ich, wie meine Töchter sich aus dem Haus schleichen wollten. Klar habe ich mich dann wie eine Furie aufgeführt.«

Marie kennt dieses Gefühl. Als sie mit vierzig, allein lebend, ihre einzige Tochter Yolande bekam, fühlte sie sich jung, schön, voller Leben. Ein Gefühl, das dreizehn Jahre anhielt und schlagartig verflog, als Yolande »mit einem Donnerschlag« in die Pubertät kam, fast zeitgleich mit dem mütterlichen Beginn der Wechseljahre. »Ich fühlte mich schlecht, hätte viel Trost und Liebe gebraucht«, seufzt Marie. Denn alles war plötzlich vorbei. Gemütliche Lesestunden, gemeinsames Kochen, Hand in Hand spazieren gehen. »Ich hatte das Gefühl, als wenn sich das Schöne aus meinem Leben verabschiedet. Keine Frau mehr und auch als Mutter überflüssig.« Es gab nur noch vier Sätze: Das zieh ich nicht an. Das ess ich nicht. Keine Ahnung, wann ich nach Hause komme. Du nervst, Mama. In ihrer Verzweiflung fing sie mit Yoga an, wo sie betroffene Mütter kennenlernte. »Wir gründeten einen Klub, den wir ›Fliegender Tamponwechsel‹ nannten. Einmal pro Woche trafen wir uns und tauschten uns aus. Das half mir enorm.«

Das Zusammentreffen von Wechseljahren und Pubertät ist wie ein gegenläufiges Hormonkarussell, auf dem sich beide drehen, Mutter und Tochter. Die eine springt auf, die andere ab. Dabei schubsen und prügeln sie sich. Ein biologischer Staffellauf, bei dem sowohl die auslaufenden als auch die hereinbrechenden Hormone verrückt spielen und das Wissen wenig hilft, dass die jugendliche Myelinschicht, die die Nervenimpulse der Tochter weiterleitet, erst mit achtzehn ausgereift und vorher kaum soziales Verhalten zu erwarten ist. Denn bis dahin gehen ihre Befreiungsschläge ans mütterliche Eingemachte.

»Mama«, fragte die fünfzehnjährige Lucy ihre einundfünfzigjährige Mutter Bärbel, »warst du eigentlich hübscher, als du Papa kennengelernt hast?« Eigentlich hat Bärbel Humor, da versagte er. Sie gab Lucy eine schallende Ohrfeige, die griff zum Kartoffelschälmesser, ritzte eine wütende Schramme in den neuen Couchtisch und schrie: »Das mach ich aus Frust, weil ich mit so einer Scheißmutter zusammenleben muss.« Danach lagen sie sich heulend in den Armen. »Ich finde diese Phase schlimmer als ihre Geburt, die war wenigstens nach drei Tagen vorbei«, stöhnt Bärbel. »Dabei hab ich mir immer eingebildet, eine besonders coole Mutter zu sein.«

Ein Irrtum, dem viele, gerade die alten Achtundsechziger-Mamis, unterliegen, die glauben, weil sie noch in Jeans Größe achtunddreißig passen und früher mal gehascht haben, bliebe ihnen der Pubertätsstress erspart. In den Baby- und Kleinkindjahren können sich auch Spätgebärende trügerische Jugendlichkeit vorgaukeln, spätestens mit Beginn der Pubertät ist das vorbei. Nichts macht eine Frau schlagartig älter, als sich in den schmalen, kritischen Augen ihrer pubertierenden Tochter zu spiegeln. Sich vor dem Weggehen ein »So willst du los? Du siehst scheiße aus!« anzuhören oder mit dem Auto drei Straßen vor dem Kino zu halten, weil sie sich mit ihrer spießigen Mutter in der Öffentlichkeit nicht sehen lassen will.

Vera, eine engagierte Feministin, wollte die erste Regelblutung ihrer Zwillinge mit einem kleinen Ritual bei Vollmond feiern. Fehlanzeige. »Meine Töchter haben mich angesehen, als sei ich reif für die Klapse«, lacht sie. »Ich war mal wieder oberpeinlich.«

»Ohne Frage steckt man als ältere Mutter die Pubertät der Tochter schlechter weg als eine Mittdreißigerin«, meint Bärbel. »Ich finde die jungen Mädchen ungeheuer raumgreifend. Die inszenieren sich und ihren Sex-Appeal so penetrant, da muss ich mich manchmal vor dem Gefühl hüten: Das gönne ich ihnen nicht.«

Doris, 55, unterdrückte tapfer ein Gefühl intensiver Irritation, als sich ihre vierzehnjährige Tochter Gesa ständig an ihren Klamotten vergriff. Dann kaufte sie sich eine Miss-Sixty-Hose, knalleng, sexy. »Ich bin schlank, sie passte mir gut«, sagt Doris, »doch als Gesa sie anzog, musste ich schlucken. Kein Vergleich. Plötzlich fand ich mich alt und lächerlich. Die Hose war für mich verbrannt. Ich schenkte sie Gesa, aber in diesem Moment habe ich sie gehasst.« Es war ein Gefühl, für das sie sich hinterher geschämt hat.

»Wie eine Mutter in den Wechseljahren auf die Pubertät ihrer Tochter reagiert, hängt maßgeblich von ihrer eigenen Befindlichkeit ab«, meint die Hamburger Psychologin Petra Ohlsen. »Manche fühlen ganz intensive Wehmut über einen Abschnitt, der nun für immer vorbei ist, manche holen an der Tochter nach, was sie selbst nicht erlebt haben. Da ist dann die Tochter Stellvertreterin für die verpasste Jugend.«

Nach all den Jahren, in denen wir unseren Töchtern die Welt erklärt haben, sind wir jetzt die Schwächeren. Die Erziehung ist abgeschlossen und wir lechzen wehmütig nach einem Gefühl, das uns gnädig häppchenweise zugeteilt wird. Wir sind wütend, aber unsere Wut interessiert nicht. Die Töchter bestimmen, wann, wenn überhaupt, geredet wird, sie rufen an, wenn es ihnen passt, ansonsten eiskalt Mailbox. Sie knallen nach einem Streit die Haustür zu und treffen sich mit Freunden, während wir schluchzend ins Kissen beißen und die Welt untergeht.

Männer, sofern vorhanden, verkrümeln sich oft in dieser Zeit. Basteln im Hobbykeller, verstummen vor dem Fernseher, tragen ein unsichtbares T-Shirt mit der Aufschrift »Ich bin nicht da. Ich will nicht angesprochen werden!«.

»Gerade jetzt hätte ich meinen Mann gebraucht«, sagt Vera. »Nach einem langen Arbeitstag, wenn ich nach Hause komme und die Wohnung voller Leute ist, laute Musik, Zigarettenqualm, und in meiner Badewanne ein junger Mann liegt. Doch meiner hat sich zum Tennis verdrückt, ich krieg einen Tobsuchtsanfall und anschließend keine Fußmassage.«

Wie überstehen wir diese Zeit? »Von der Illusion verabschieden, dass die eigene Familie so ist wie die Nudelwerbung im Fernsehen, wo drei Generationen am Holztisch fröhlich Spaghetti mit Tomatensoße essen«, rät Bea. »Alte Bilder loslassen, die Dinge mit Humor betrachten und ganz viel Johanniskrauttee trinken.« Denn beides geht vorbei. Die Wechseljahre und die Pubertät. Und dann beginnt eine wunderbare Zeit.

(aus *Brigitte Woman*, Nr. 2, 2004)

TIL
DAS IST ANNE.
EINE NEUE
3-D GOOGLE APP

# »Muss ich mir auch diesen Vornamen merken?« – Warum das Beziehungsleben unserer Kinder oft eine Zumutung ist

Zwei kleine Kinder spielen in der Sandkiste, während zwei verzückte Mütter sie von der Parkbank aus beobachten – es gibt in der Kleinkindphase keine schöneren Momente. Mami hat einen Moment ihre Ruhe, der Nachwuchs geht einer sozial verträglichen Beschäftigung nach und wenn sie Glück hat, ist die Mami neben ihr keine dieser politisch korrekten Übermütter mit Esoterik-Touch, sondern eine, mit der man Spaß hat und entspannt über die anliegenden Themen wie »Zahnt deins schon? Hast du noch Sex? Hängt dein Busen und denkst du über Implantate nach?« reden kann.

»Sind sie nicht einfach zum Reinbeißen, unsere Schnuckelkinder? Guck mal, wie süß meins gerade den Sand ins Eimerchen schaufelt, wie gut es das schon kann! Und schau mal deins, wie niedlich es die Förmchen stapelt!« Bis eins der Zaubermäuschen dem anderen das Sandzeug wegreißt, es mit Sand beschmeißt oder sogar umschubst! Dann ist das Geschrei groß und die Mamifreundschaft oft blitzschnell wieder beendet. »Nein, Ann-Sophie, mit dem Jan-Philipp wollen wir erst mal nicht mehr spielen!« Ja, es ist eine schöne Zeit, wenn man als Eltern noch entscheiden kann, mit wem unser Kind Kontakt hat.

## In einer idealen Welt haben nette Kinder auch nette Eltern

Mütter entwickeln gerade in der Kleinkindphase hypersensible Argusaugen, denen nichts entgeht. Der dicke Kevin, dem seine Mutter ein Dativproblem hat? Natürlich ist uns soziale Arroganz aber so etwas von fremd, trotzdem haben wir, wenn Kevins Mami unsere Mia-Mona zu McDonald's einlädt, plötzlich ganz rasend viele andere Termine. Gern ein anderes Mal. Und es hat auch überhaupt nichts damit zu tun, dass Johans Papi der Chef unseres Mannes ist, wenn wir Johan zum Kindergeburtstag einladen, obwohl es eine Lillifee-Party ganz in Rosa ist.

Liebe Eltern, lassen Sie sich von zwei mit allen Wassern gewaschenen Müttern versichern: Es ist ganz normal, dass man, solange unsere Kinder es zulassen, zumindest mitbestimmen möchte, mit wem sie Kontakt haben. Denn in einer idealen Welt haben nette Kinder auch nette Mütter und Väter, mit denen sich die Wartezeit während der tausend kindlichen Aktivitäten angenehm verkürzen lässt. Und wenn nicht, schalten wir einfach auf stur und blenden unerfreuliche Eltern aus. Warum bei strömendem Regen am Fußballfeld stehen, sich von einem dieser überehrgeizigen Penetranz-Papis (PP) anhören: »Wieso darf dieser Fettklops überhaupt mitspielen?«, wenn es sich bei diesem Klops leider um unser eigen Fleisch und Blut handelt? Muss ja nicht sein. Und danach womöglich noch Penetranz-Papis Sohn mit nach Hause nehmen, weil PP wichtige Termine hat und Penetranz-Mami (PM) gerade im Nagelstudio ihre French Nails erneuern lässt? Nein, wir sind keine Masochisten.

> »Ich warte immer noch darauf, dass ich endlich vom Gebenden zum Nehmenden werde.«

Schwieriger wird es, wenn die Eltern-Kind-Kombination nicht aufgeht, ein Nervkind eine supersympathische Mutter, eine Schreckenszicke ein total angenehmes Kind hat. Dann muss man sich entscheiden zwischen »Ich ertrage die blöde Kuh, weil ich ein großes, sehr dehnbares Mutterherz habe und ich mich inzwischen daran gewöhnt habe, für meine Lieben zurückzustecken« und einem lauthals protestierenden Kind, das man hinter sich herschleift. Die Wahl also, wie es so richtig heißt, zwischen Pest und Cholera.

»Ich habe mich mit anderen Müttern oft so angeödet, dass es richtig geschmerzt hat«, sagt eine Mutter, die aus gutem Grund anonym bleiben will. »Ich bin berufstätig und habe einfach keinen Nerv für diese Tussis, die nur im Bermudadreieck Wohnung, Kindergarten, Supermarkt unterwegs sind. Aber mein Sohn ging immer vor. Solange er ein Kind mochte, mochte ich dessen Eltern.«

Nein, wir sind keine Masochisten.

Unser Tipp: Die Phase, in der Sie die Freundschaften Ihrer Kinder mitbestimmen können, ist sehr begrenzt. Spätestens mit Beginn der Vorpubertät ist sie für immer vorbei, dann dürfen Sie nie wieder auch nur das allerkleinste Wörtchen mitreden! Nutzen Sie deshalb die Gunst der frühen Jahre und mischen Sie sich hemmungslos ein! Denn so ist das Elternleben: Gerade wenn Sie sich an einen Zustand gewöhnt haben, ist er auch schon wieder vorbei. Nichts, was schön war, kann man festhalten, aber auch das meiste, was schrecklich war, ist irgendwann eine unterhaltsame Anekdote.

Und so wird es bleiben, bis unsere Kinder uns entweder ein Seniorenstift schmackhaft machen oder uns, wenn sie uns lieb haben, in ihrer Einliegerwohnung unterbringen. Zum Glück wohnen wir nicht am Nordpol, wo die Eskimos früher ihre alten Eltern vermutlich einfach auf eine Eisscholle gesetzt und ins kalte Meer geschubst haben. Oder wie ein Vater zum anderen meint: »Ich warte immer noch darauf, dass ich endlich vom Gebenden zum Nehmenden werde.« Diesen Mann werden wir wahrscheinlich irgendwann als Mumie auf der Parkbank finden, wo er noch immer wartet. Aber das ist ein anderes Kapitel.

## Unser Kind – verliebt? Kann nicht sein!

Irgendwann nach Beginn der Geschlechtsreife kommt er, der Schreckensmoment für alle Eltern. »Ich bin verliebt«, sagt unser Kind. Ein Satz, der die meisten von uns absolut eiskalt erwischt. Verliebt? Was soll das heißen? Haben wir nicht gerade erst die Babar-Plakate im Kinderzimmer aufgehängt? Die Pumuckl-Bettwäsche gewaschen? Den Kindergeburtstag mit Sackhüpfen und Wackelpudding gefeiert? Weiche, warme Kinderarme gespürt, die sich um unseren Hals schlangen? Und sich jetzt ganz offensichtlich um ein anderes Wesen schlingen, das verdruckst neben unserem Kind steht, uns nicht in die Augen sehen mag? Ein Fremdkörper, jedenfalls für uns.

»Freut mich, dich kennenzulernen«, sagen wir und meinen: »Mensch, verzieh dich bloß wieder, mein Kind ist noch nicht so weit.« Zu spät! Es ist egal, was wir sagen oder ob in China eine Tür zufällt. Auch wenn unser Sohn ein durch alle Körperöffnungen gepierctes Girlie ohne Schulabschluss knutscht. Oder unsere Prinzessin fünf Stunden täglich mit einem Bad Boy am Handy hängt, der zehn Jahre älter ist, eine eigene Wohnung und zwei Exfrauen hat. Wir müssen uns verziehen, denn im Liebesleben unserer Kinder spielen wir jetzt keine Rolle mehr.

### Oskar Holzberg, Psychologe

Wir können nicht festhalten, wir müssen loslassen. Natürlich trauern wir, weil etwas Wichtiges verloren geht, Kinder erfüllen ja etwas, bringen etwas ins Leben. Das Loch, das entsteht, müssen wir uns anschauen und dann mit etwas Neuem füllen. Das ist nicht leicht, aber es ist machbar, und zwar in jedem Elternalter.

Eine schmerzliche Einsicht, aber eine notwendige, wenn wir den Platz im Leben unserer Kinder nicht gefährden wollen. Und bevor Sie jetzt lautstark protestieren, denken Sie doch einfach mal an Ihre eigene Jugendzeit zurück. Haben Sie seinerzeit auf Ihre Eltern gehört, als es um ihr Liebesleben ging? Haben Sie »Okay, Mutti, du meinst also, der arbeitslose Künstler, der wie ein junger Alain Delon aussieht, ist nichts für mich? Dann mach ich sofort Schluss mit ihm!« gesagt?

Also regen Sie sich nicht auf, es bringt nichts. Schauen Sie lieber nach, ob Sie noch eine gute Flasche Rotwein im Haus haben. Am besten eine ganze Kiste. Denn die nächsten Jahre, vielleicht sogar Jahrzehnte, werden hart. Es wird knallen, und zwar an allen Ecken und Enden. Unser Hormonspiegel dümpelt, der unserer Kinder explodiert, und deshalb macht es PENG und KNALL, wenn die Verliebtheit anfängt, und PUFF, wenn sie wieder aufhört. Und immer müssen wir, die Eltern, uns optimal dazu verhalten. Dürfen weder »Sei froh, die passte doch gar nicht zu dir« sagen noch »Das hab ich dir doch gleich gesagt« oder gar »So einen Guten kriegst du nie wieder«. Egal, wie froh oder enttäuscht wir sind, nichts davon interessiert unser Kind, nichts ist von Belang. Wir sind als Sprungtuch gefragt, als Klagemauer – aber nicht als Ratgeber, vor allem nicht als Kritiker.

»Als meine Tochter mit fünfzehn zum ersten Mal einen jungen Mann mit nach Hause brachte, fühlte ich mich wie ein alter Hund, auf dessen Revier plötzlich ein junger Hund seine Duftmarken setzte«, erinnert sich Raimund, 65, an das erste Liebesglück seiner Tochter. »Ich war gereizt, schlecht gelaunt, vor allem sehr traurig. Weil ich bis dahin der wichtigste Mann in ihrem Leben war und jetzt auf einmal nicht mehr. Das hat geschmerzt.«

Unser Hormonspiegel dümpelt, der unserer Kinder explodiert, und deshalb macht es PENG und KNALL, wenn die Verliebtheit anfängt, und PUFF, wenn sie wieder aufhört.

Umgekehrt wurde für Marion, 51, ein Schuh daraus, als sich ihr Sohn, damals achtundzwanzig, von einer jungen Frau trennte, die für Marion »wie eine Tochter« gewesen war. »Es war Liebe auf den ersten Blick«, erinnert sie sich wehmütig. »Ihre Mutter war früh verstorben, bei uns klickte es einfach. Als mein Sohn mir eröffnete, dass er Schluss gemacht habe, weil er sich zu jung für eine feste Beziehung fühle, da hätte ich ihn ohrfeigen können.«

Wie Liebeskummer fühlt es sich oft für Eltern an, wenn ihre Kinder sich von Partnern trennen, die sie ins Herz geschlossen haben. Das Schlimme dabei ist: Niemanden interessiert es. Peinlich der Satz: »Es geht mir schlecht, weil sich meine Tochter von diesem jungen Mann getrennt hat, den ich auch so gern mochte!« Ja, es ist eine Zumutung, was da von uns verlangt wird. Und nein, wir haben damals auch nicht an unsere Eltern gedacht, wenn wir eine Liebe anfingen oder beendeten. Mutti fragen, ob Schluss sein darf? Absurde Vorstellung! Jetzt hätten wir es gern. Und arrangierte Ehen halten wir auf einmal auch nicht mehr für völlig veraltet.

### Oskar Holzberg, Psychologe

So ist das Leben. Die Familie ist nun mal ein in sich geschlossenes System, das sich öffnet, um einen Fremden aufzunehmen, aus dem dann vorübergehend oder für immer ein Familienmitglied wird. Damit muss ein Erwachsener emotional umgehen können.

Das »geschlossene System«, das der Psychologe Oskar Holzberg beschreibt, klingt zwar einleuchtend, ist in der Praxis nur nahezu unmöglich zu realisieren, weil wir schließlich Menschen mit Gefühlen sind. »Ich habe zu den Liebschaften meiner Kinder oft ein von ihnen ganz unabhängiges Verhältnis entwickelt«, sagt Marion, »das manchmal sogar besser war. Wenn es kriselte, habe ich mich nicht gescheut, meinen Kindern gut zuzureden. ›Komm, gib nach. Überall gibt es Probleme. Reiß dich zusammen.‹ Hat alles nichts genützt. Sie haben sich getrennt und von mir erwartet, dass auch ich einen Menschen, den ich mochte, sofort aus meinem Leben streiche. Was ich aus Liebe zu ihnen auch tat, aber mir hat oft das Herz geblutet. Inzwischen bin ich abgehärtet und frage bei Neuzugängen nur noch: Muss ich mir auch diesen Vornamen merken oder kann ich ihn überspringen?«

Mutti fragen, ob Schluss sein darf? Absurde Vorstellung!

Ja, so ist es leider. Was das Liebesleben unserer Kinder angeht, leben wir in unfreiwilliger Symbiose mit ihnen, ihre Gefühle, Wünsche und Entscheidungen sind ausschlaggebend, unsere zählen nicht. Sie agieren, wir reagieren. Oskar Holzberg nennt das die »frühkindliche Verabredung«, die »Ich bin deine Mami und egal, was du tust, ich bin immer für dich da« heißt und stets eingeklagt werden kann. Auch wenn unsere Kinder Partner haben, die man bei aller Liebe einfach nicht ausstehen kann. So wie es Angela, 48, mit ihrer Schwiegertochter ging. »Ich sah ihr ungeschminktes Gesicht, ihre langen, strähnigen Haare, ihre schluffigen Klamotten und ich dachte nur: Oh Gott, da hat mein Sohn aber total danebengegriffen! Es war tiefe Abneigung auf den ersten Blick und dabei blieb es. Zum Glück nur bis zur Trennung nach drei Jahren. Mein Mann und ich haben das mit einer Flasche Champagner gefeiert«, gesteht Angela. »Natürlich ohne unseren Sohn, der hätte das pietätlos gefunden.«

Zum Schluss noch ein Sprichwort: Selig ist, wer vergisst, was nicht mehr zu ändern ist! Und dazu gehört eindeutig das Liebesleben unserer Kinder. Und weil das so ist, können wir nur eines tun: auf die gute Menschenkenntnis unserer Kinder vertrauen. Schließlich haben wir sie erzogen. Und wenn es ganz schlimm kommt – da war doch noch die Kiste Rotwein …

## Gaby, 49, ein Sohn, 19

»Mein Sohn Noah ist ein Hübscher, schon immer gewesen. Er hat einen Kopf voller blonder Locken und geradezu unverschämt blaue Augen. ›Ganz der Vater!‹, habe ich oft gehört und kann es leider nicht bestreiten. Mein Ex und ich haben uns nach drei turbulenten Chaosjahren getrennt, aber ich werde ihm für seinen ›Nachlass‹, unseren Sohn, ewig dankbar sein. Obwohl die Jahre seit seiner Pubertät extrem anstrengend waren. Mit zwölf kam er von einem Schüleraustausch aus Paris zurück und hielt mir strahlend einen Zettel unter die Nase: ›Du bist sooo sexy!‹ hatte eine (wahrscheinlich von Tokio Hotel zum Deutschlernen inspirierte) junge Französin ihm da mitgeteilt. Ich fand das ein bisschen früh. Und ein bisschen zu direkt, mein Sohn war kaum im Stimmbruch.

Inzwischen ist er neunzehn und ich habe diverse Mädels kommen und gehen sehen. Manchmal bedauernd, manchmal erleichtert. Sein Liebesleben ist streckenweise so unübersichtlich und sprunghaft wie die Energiepolitik von Angela Merkel. Und von mir wird erwartet, dass ich immer mitschwinge, immer solidarisch bin.

Als ich vor einiger Zeit von einer Reise nach Hause kam, es war frühmorgens, fand ich ihn in weiblicher Gesellschaft, deutlich unter achtzehn, vor, obwohl er gerade anderweitig vergeben war. Ich setzte die junge Dame vor die Tür und sagte streng: ›Mehrgleisig ist nicht, das ist unfair!‹ Noah ist ausgerastet, hat mir hysterische Vorwürfe gemacht. Egal, so viel Solidarität mit meinen Geschlechtsgenossinnen musste sein. Ich weiß schließlich aus eigener Erfahrung mit seinem Vater, wie es sich anfühlt, wenn man betrogen wird. Wobei ich meinem Sohn die meisten unappetitlichen Details natürlich erspart habe.

Da mein Sohn und ich das aufbrausende Temperament teilen, vergingen die nächsten Wochen mit lauten Diskussionen zum Thema ›Wie viel Ehrlichkeit muss sein? Kann man nicht auch zwei Menschen gleichzeitig lieben? Geht mich sein Liebesleben überhaupt etwas an?‹ Leider hatte er seine beiden sich überlappenden Liebschaften sehr ungünstig gewählt, sie gingen nämlich beide auf seine Schule, er sah sie täglich. Es gab Tränendramen im Unterricht und viel Frust und schlechte Laune zu Hause. Mein Gott, fand ich das alles anstrengend, zumal mein eigenes Liebesleben schon seit ein paar Jahren auf Nullniveau vor sich hin dümpelte.

Tief erschöpft, verwünschte ich die Pubertät im Allgemeinen und das Überangebot an jungen weiblichen Reizen in unserem Leben im Besonderen. Wochenlang war unsere Wohnung eine dampfende Hormonhölle – heulende Mädchen und ein Sohn, der mit der Situation völlig überfordert war. Ich tröstete, schlichtete, schimpfte und versuchte vergeblich, mich ab und zu auch mal auf mein Sofa zurückzuziehen. Ständig schmiss sich ein aufgelöster Teenie neben mich und wollte beachtet werden. War ich früher auch so? Ich glaube nicht. Meine Eltern hätten sich bedankt!

Nach drei Wochen entschied er sich für seine Ursprungsfreundin, Ruhe kehrte ein. Doch dann kündigte die letztjährige Sommerferienliebe aus Portugal ihren Gegenbesuch in Deutschland an und ich hatte plötzlich ihren sehr strengen, sehr katholischen Vater am Telefon. ›Ich erwarte eine lückenlose Beaufsichtigung meiner Tochter, sie ist noch minderjährig‹, sagte er. ›Selbstverständlich getrennte Schlafzimmer und spätestens um einundzwanzig Uhr muss sie zu Hause sein.‹ Die Freundin meines Sohnes verkündete sofort, sie werde in den betreffenden Nächten bei uns schlafen – und ich entkam dem Drama nur mit der Drohung, dass mein Sohn ALLEIN in seinem Bett schlafen würde und beide Mädels sich das Wohnzimmersofa teilen müssten. Bin gespannt, was noch kommt. Ein frühes Enkelkind vielleicht?«

WEISST DU EIGENTLICH, DASS ICH MAL PROMOVIERT HABE?
WOW.... ICH VER-PLEMPER HIER NUR MEIN DIPLOM.
TIL

# »Hört dieser Streit denn nie auf?« – Kinder plus Karriere, Kinder oder Karriere

Es gibt viele Konflikte auf dieser Welt. Israel und Palästina haben einen, die Grünen haben einen mit Umweltverschmutzern und ganz Europa hat einen mit dem Euro. Den albernsten aller Konflikte haben wir Mütter. Er heißt: Karrierefrauen mit Kindern gegen Vollzeitmütter.

Es ist etwas an einer Frau, die scheinbar mühelos zwischen Küche und Konferenz pendelt, die auf High Heels zum Elternabend erscheint, deren Smartphone ständig wichtig piept, das eine Vollzeitmami innerlich auf die Palme bringt und Sätze sagen lässt wie »Oh, Sie schaffen es nicht zum Elternbastelabend nächste Woche? Ich gebe Ihnen mal die Telefonnummer von Dr. Schöller, einem Spezialisten für wohlstandsverwahrloste Kinder, von dem ich natürlich nur gehört habe«.

Und es ist etwas an einer gut versorgten Gattin mit Kindern, die ihre Marmelade selbst einkocht – selbstverständlich mit Biofrüchten aus dem eigenen Garten –, die danach ihre Kinder zum Flöten-, Judo- oder Chinesischunterricht bringt, das einer abgehetzten, berufstätigen Mutter, die zwischen Büro, Supermarkt und Kindergarten oder Schule hin- und herhetzt, ganz schlechte Laune macht.

Warum ist das noch immer so? Warum gönnen wir anderen Müttern nicht das ganz andere Leben? Weil jede die andere einerseits beneidet und sich ihr andererseits überlegen fühlt. Und aus dieser Gemengelage die allerschönsten und überflüssigsten Minderwertigkeits- und Schuldgefühle entstehen. Das hat die Autorin Anna Katharina Hahn in ihrem Roman *Kürzere Tage* wunderbar beschrieben: »Auch von der Kontaktbörse Kindergarten hat sie sich mehr versprochen. Wenn sie die anderen Mütter im Hof des Kindergartens zusammenstehen sieht und Gesprächsfetzen auffängt, die von Hilfeleistungen aller Art, gemeinsam verbrachten Nachmittagen und sogar Wochenenden zeugen, wird sie neidisch. Sie hat keine Zeit, bleibt die Neue, die Eilige, die sich mit Nadelstreifenkostüm und Make-up vorkommt wie ein Raubtier, das eine Kolonie kuscheliger Pinguine umkreist. So gerne sie sie würgen und rupfen möchte, diese Jeans- und Pulli-Trägerinnen, deren Watschelfüße Turnschuhsohlen sind und aus deren Schnäbeln es über Biogemüse und Triple-P-Elterntraining quakt, so gerne möchte sie auch dazugehören, sich zum innersten Punkt der Herde vordrängen.«

Warum gönnen wir anderen Müttern nicht das ganz andere Leben?

## Wir wollen alles – Luxusprobleme für Luxusmütter

Das, was wir wollen, bekommen wir meistens nicht. Weil »das Leben« – und das mit Kindern ganz besonders – »das ist, was passiert, wenn du gerade andere Pläne machst«, wie John Lennon in seinem Lied *Beautiful Boy* so richtig singt: »Life is what happens to you while you're busy making other plans.«

»Mein Mann und ich waren sehr erfolgreich als Unternehmensberater, aber irgendwann dachten wir: Kinder – das wäre jetzt die Krönung«, erzählt Ann-Kathrin, 36, die ihr

Luxusprobleme für Luxusmütter gibt es reichlich.

Leben gern in Listen führt. »Punkte abhaken ist das Schönste.« Den Punkt Babys konnte sie zügig abhaken, die Metamorphose von der hektischen Karrierefrau zur selbst ernannten Supermami ging genauso zügig. Manchmal erkennt sie sich selbst kaum wieder. »Ich war immer eine Perfektionistin«, sagt Ann-Kathrin, »und so bin ich auch eine in der Kindererziehung. Ich kann nicht anders. Bei uns gibt es nur Bio, ich koche selbst und schneidere auch die Kinderkleider selbst. Damit sie später alle Chancen haben, erziehe ich sie dreisprachig, in der Schule sprechen sie englisch, außerdem haben wir eine spanische Nanny. Für meine Kinder nur das Allerbeste, was ist daran verkehrt? Warum habe ich in letzter Zeit trotzdem immer öfter das Gefühl, etwas falsch zu machen? Außerdem vermisse ich meinen Beruf, das Adrenalin nach einem Abschluss, die teuren Hotels. Das kann mir, ehrlich gesagt, keine noch so kinderfreundliche Sandkiste ersetzen.«

Luxusprobleme für Luxusmütter gibt es reichlich. Wir finden diese Spezies der »Mater luxuriosa« vorwiegend in den trendigen Stadtteilen unserer Großstädte wie Prenzlauer Berg, Hamburg-Eppendorf, Köln-Ehrenfeld oder im Münchener Glockenbachviertel. Die Mater luxuriosa (Malu) ist jung, gut ausgebildet, hat im Allgemeinen ein Netzwerk von wichtigen und halb prominenten Freunden. Sie trägt Trendklamotten, trinkt im Szenecafé ihren Latte macchiato mit Sojamilch, hat zwei Kinder und parkt ihren Geländewagen, den sie nur »meinen four Wheel« oder »SUV« nennt, vorwiegend im absoluten Halteverbot. Wer sie darauf hinweist, ist ein Kinderfeind, schließlich sind auf den Rücksitzen zwei Kindersitze zu sehen.

Natürlich gibt es die Nur-Mutter auch in der weniger schicken Variante. Die fährt dann eben auf ihrem Hollandrad, hintendran ein Bollerwagen, in dem ihre Kleinkinder sitzen, und falls im Besitz eines Neugeborenen, dieses im Tragetuch um den Vorderleib geschnallt. Und wehe, jemand wagt einen Protestlaut, weil sie in der Einbahnstraße in die verkehrte Richtung fährt! Oder fühlt sich genervt, weil sie mit ihren kreischenden Sprösslingen das ganze Lokal aufmischt. »Sie haben wohl keine Kinder?« ist die beliebte Frage, wenn man von herumtobenden Kleinkindern und umgekippten Kakaobechern nicht ganz so entzückt ist wie die Mami.

Die Fragen »Kinder oder Karriere?« und »Ist beides überhaupt möglich?« – sollten sie nicht längst gar keine mehr sein? Warum sind sie es dann immer noch? Die Berliner Filmemacherin Helke Sander hat die sogenannte »K-Frage« bereits 1968 als Kernanliegen der Frauenbewegung bezeichnet. Und sehr viel weiter als damals scheinen wir leider auch im Jahr 2012 noch nicht gekommen zu sein.

»Ich werde geliebt, ich werde gebraucht, ich werde noch mal wahnsinnig!«

Für die Babyboomer-Frauen, die mit der Frauenbewegung aufgewachsen sind, als Alice Schwarzer jung und mitreißend war und noch nicht für die *Bild*-Zeitung schrieb, war die Sache immer klar: Selbstverständlich wollten sie beides. Was auch an diesen wunderbaren Kinderläden lag, in die man seine in den Siebzigerjahren geborenen Kinder gab, wo sie, von Erwachsenenpädagogik unbehelligt, ihren Kot an die Wand schmieren und nackt durch ungeheizte Chaotenräume laufen durften. Viele dieser Kinder sind übrigens später aus Protest sehr schnöselige Yuppies geworden, deren Kinder schon mit drei Jahren Blockflöte spielen mussten.

Der Anspruch – Supermami in Symbiose mit Beruf – kam in den Achtzigerjahren und hat viele von uns hoffnungslos überfordert. Weil die »zweite Schicht«, der Haushalt nach Büroschluss, einfach eine Nummer zu viel war. Wenn Mutti sich keine Putzfrau leisten konnte, die während ihrer Arbeitszeit bei ihr putzte, einkaufte, Wäsche wusch und möglichst noch die Schulaufgaben der Kinder beaufsichtigte, kriegte sie, wenn sie müde die Haustür aufschloss, erst einmal die Krise. »Ich hätte manchmal schreien können«, erinnert sich Heike, 65, an diese Zeit, als sie drei Kinder, einen studierenden Ehemann und eine Halbtagsstelle als Schulsekretärin unter einen Hut quetschen musste. »Ich fühlte mich so überlastet, dass ich am liebsten ausgewandert wäre. Auf eine einsame Insel ohne Verkehrsanbindung. Mein Motto damals war: ›Ich werde geliebt, ich werde gebraucht, ich werde noch mal wahnsinnig!‹«

Vorbild wollten die Mütter damals sein und waren für viele ihrer Töchter doch nur eine Warnung. So ein Leben wollten sie auf keinen Fall. Immer abgehetzt, oft schlecht gelaunt.

Nein danke.

»Meine siebenundzwanzigjährige Tochter Marja hat sich einen Mann ausgesucht, der seine Kinder, bis sie fünfunddreißig Jahre alt sind, am liebsten bei sich wohnen haben möchte und von seiner Frau dasselbe erwartet«, seufzt Karin, 57. »Sie hat ihr Studium nur benutzt, um an der Uni einen Ehemann zu finden. Als sie ihn traf, brach sie erleichtert ihr Studium ab und heiratete in eine Familie, in der die Männer stolz darauf sind, dass ihre Frauen nicht arbeiten müssen. Jetzt bekommt sie ihr zweites Kind, hat sich eingerichtet in ihrem Hochsicherheitsleben. ›Aber Ehefrau zu sein, ist doch kein Beruf‹, habe ich ihr gesagt. Ihre Antwort darauf war nur: ›Mami, ich hab doch gesehen, was für ein anstrengendes Leben du gehabt hast.‹ Ich habe das Gefühl, als hätte ich alles falsch gemacht.« Natürlich gibt es gerade unter den Mater luxuriosas die eine oder andere, die deswegen so entspannt auf eine berufliche Karriere verzichtet, weil sie zu faul und zu bequem für eine war.

Tja, so ein langwieriges Studium der Kunstgeschichte bricht sich im dreizehnten Semester sehr viel leichter ab, wenn der erfolgreiche Jungunternehmer fragt: »Willst du die Mutter meiner Kinder und die Hüterin meiner Penthousewohnung sein?« Gattin, möglichst gut versorgt, heißt deshalb das neue Zauberwort. Diese Frauen werden, auch wenn sie nach der Ausbildung noch ein wenig Arbeitsluft geschnuppert haben, spätestens nach der Geburt des ersten Kindes oft radikal konservativ. Wer kennt sie nicht, diese durchgestylten Mamis mit ihrem genauso durchgestylten Nachwuchs, deren Anblick uns Normalo-Mütter so freut wie ein über Nacht gewachsenes Hühnerauge?

Die Werbung unterstützt noch dazu diese Heile-Welt-Idylle mit penetrant gut gelaunten Müttern, die mit ihren Kindern tropenfruchtige Joghurts löffeln und adrett und nett auf der sonnendurchfluteten Terrasse sitzen. »Alle sagen, Kind und Job sei eine Doppelbelastung. Ich habe mich für Doppelfreude entschieden« wirbt ein Telekommunikationsunternehmen. Gibt es einen dämlicheren Werbespruch? Nein. Selbst der Slogan unserer Kindheit »Heute bleibt die Küche kalt, wir gehen in den Wienerwald« war da noch witziger.

## Die Mütterpolizei im Dauereinsatz

Tatsache ist: Frauen machen weniger Karriere als Männer. Das ist noch immer so. Unter diesen wenigen Frauen sind mehr kinderlose Frauen als Mütter. Und warum? Wenn Frauen nicht nur halbtags in einem Supermarkt arbeiten, sondern richtig Karriere machen wollen, geht das nur bei genügend Einkommen, um gute Fremdbetreuung zu organisieren. So wie bei Christina, die Anwältin einer großen Kanzlei ist und drei Kinder im Alter von fünf, acht und neun Jahren hat. Sie arbeitet Vollzeit. »Anfangs war es schwierig, meine Kinder in fremde Hände zu geben. Auszuhalten, dass eine andere Frau als ich den Alltag meiner kleinen Kinder miterlebt. Aber ich bin mit Leidenschaft Anwältin, warum sollte ich das aufgeben? Teilzeit? Da wäre ich nur ständig zerrissen zwischen Kids und Arbeit. So kann ich mich fünf Tage die Woche auf mein Büro konzentrieren und die Wochenenden gehören meinen Kindern. Das funktioniert sehr gut, die Kritik kommt immer nur von diesen Supermamis, die meine Kinder scheinheilig fragen: ›Deine Mami hat wohl sehr wenig Zeit für dich?‹«

Auf die Spitze getrieben hat es die ehemalige Fernsehmoderatorin Eva Herman mit ihrer Aussage, die Frau sei vielmehr dafür bestimmt, »Schutzräume zu entwickeln, ein Zuhause zu schaffen, das Heimat bietet, Zuflucht und Frieden«. Wir dürfen uns damit trösten, dass Frau Herman inzwischen karrieremäßig in Sibirien gelandet ist.

Rivalität unter Frauen ist so alt wie die Welt. Dass kleine Mädchen im rosaroten Tutu sich immer nur lieb haben, ist ein beliebter Mythos. Das Gegenteil ist der Fall. Sie kratzen, beißen, reißen sich die Barbiepuppen weg und später spannen sie sich die Männer aus. Jede will die Schönste, Blondeste, Dünnste und im Beruf Erfolgreichste sein. Warum sollte dieses »Ich will aber das dickste Stück von der Wurst«-Bedürfnis, das wir von unseren Männern kennen, nur deshalb aufhören, weil wir Frauen sind und Kinder kriegen?

Mein Kind ist toller als dein Kind und wenn mein Kind schon nicht so toll ist, soll es dein Kind auch nicht sein. So denkt auch die Mittdreißigerin mit den tiefen Augenringen, die kürzlich an der Supermarktkasse zu einer Hochschwangeren sagte: »Na, ich wünsche Ihnen viel Glück! Mein Sohn hat ein halbes Jahr fast nur geschrien. Jetzt ist er neun Monate alt und ich arbeite wieder zwanzig Stunden die Woche. Das ist der schönste Moment des Tages, wenn ich ihn bei der Tagesmutter abgebe und zur Arbeit gehen kann. Hätte ich vorher auch nicht gedacht, als ich schwanger war. Alles Gute!« Dieses Leuchten in ihren Mutteraugen, als sie sich umdrehte und eine bedröppelte Schwangere zurückließ!

Ja, so fies können Mütter sein!

»Oh Gott, wirklich so schlimm?«, fragte sie erschrocken die Kassiererin.

»Schlimmer«, lächelte die.

Ja, so fies können Mütter sein!

Genauso schwer fällt es uns, Freunden aufrichtig zum Lottogewinn zu gratulieren, wenn unser Konto uns gerade ganz schlechte Laune macht, oder uns ernsthaft mitzufreuen, wenn sie den pflegeleichteren, begabteren, vielleicht sogar hübscheren Nachwuchs haben. So ist der Mensch nun mal gestrickt. Davon abgesehen haben wir natürlich alle die besten, schönsten und klügsten Kinder dieser Welt. Wir sind ja schließlich ihre Eltern!

Drei Frauen und ihre kleinen Kinder machen zusammen Urlaub an der Ostsee. Es könnte so idyllisch sein, wenn sie ihre Sprösslinge einfach nur in Ruhe im Wasser planschen und Strandburgen bauen ließen.

»Kevin, gib dem Daniel sofort die Muscheln wieder«, schreit die eine.

»Daniel, lass doch den Kevin auch mal mitspielen«, ruft die andere.

Und was macht die Dritte? Sie lächelt und sagt gar nichts. Aber sie denkt etwas, und zwar Folgendes: Ich habe mein Kind zum Glück viel besser im Griff als die anderen. Aber Mütter können Gedanken lesen und deshalb passiert jetzt etwas, das Psychologen »Übertrumpfungssucht« nennen. Alle Mütter denken: Na, das wollen wir doch mal sehen! Eine schreit jetzt mehr als die andere, sie überbieten sich geradezu im »Erziehen«, um zu zeigen: Ich habe mein Kind noch besser im Griff.

Ende der Strandidylle. Die Mütter schreien, die Kinder heulen.

Kinder, so scheint es, sind heutzutage kein Spaß mehr, sondern eine schwierige Rechenaufgabe, die nur mit allerhöchster Konzentration zu lösen ist. Sind daran die Eltern oder die Kinder schuld?

Kinder, so scheint es, sind heutzutage kein Spaß mehr, sondern eine schwierige Rechenaufgabe, die nur mit allerhöchster Konzentration zu lösen ist.

### Oskar Holzberg, Psychologe

Mütter konkurrieren, weil Kinder Selbstobjekte sind. Das heißt, nur wenn mein Kind toll ist, bin ich auch toll. Nur dann kann ich mich mit mir selbst gut fühlen. Mütter haben Angst vor Entwertung, Angst, es nicht geschafft zu haben. Kinder sind ja wie Doktorarbeiten, wo man sehen kann: Das hast du toll oder eben weniger toll gemacht. Man hört es ja als Eltern viel zu wenig, dieses »Guter Job, tolles Kind, du kannst stolz sein!«.

Männer protzen mit Statussymbolen, Frauen fahren praktische Kleinwagen mit vier Türen, ohne dass ihnen ein Zacken aus der Krone bricht, dafür ringen sie verbissen darum, die Supermami zu sein. Ständig vergleichen sie sich deshalb mit anderen Müttern, was die Selbstzweifel leider nur immer mehr verstärkt.

Mütter mobben subtil.

Wer kennt es nicht, dieses böse, kleine Gefühl: Mein Kind nervt mich gerade so, dass ich es an die Wand klatschen könnte. Und dann sitzt man neben einer Mutter, die einem erzählt, dass Klein-Leonie »so etwas von pflegeleicht ist, ich weiß gar nicht, womit ich das verdient habe!«. Man zwingt sich dieses Raubtierlächeln ab, das richtig wehtut, und sagt: »Wie schön für dich, aber mein Jan-Philipp macht mir auch überhaupt keine Probleme.« Schade, dass wir so selten ehrlich miteinander sind, dass diese Lügen und Halbwahrheiten das ganze Leben unserer Kinder durchzieht.

Dorothee, 38, zwei pubertierende Kinder, hat mit Ehrlichkeit nur gute Erfahrungen gemacht. »Ich bin gnadenlos ehrlich, was meine Kinder angeht. Als mein Ältester beim Klauen im Kaufhaus erwischt wurde, habe ich es anderen Teenie-Müttern erzählt und sie um Rat gefragt. Unglaublich, was ich da für Horrorgeschichten, vom Fahren ohne Führerschein bis zu schlechten Zeugnissen, hörte. Mütter müssen doch zusammenhalten, oder?«

Ja, müssen sie. Aber den meisten Druck üben leider Mütter auf andere Mütter aus. Kinderkriegen ist kein Vorgang, den Frauen selbstlos praktizieren, um etwas fürs Gemeinwohl zu tun. Sie machen es, weil sie hoffen, dass sie dafür belohnt werden, und zwar mit einem hundertprozentig gelungenen Kind. »Mutter sein und eine Führungsaufgabe wahrnehmen, ist offenbar immer noch eine gesellschaftliche Kampfzone. Jedenfalls, wenn die Kinder noch klein sind«, sagte Andrea Nahles in einem *Brigitte*-Interview.

Überall lauern Konkurrenz, Argwohn, Missgunst: Was macht sie anders? Das macht sie falsch! Was macht die bloß mit ihrem Kind?

### Oskar Holzberg, Psychologe

Kinder bedeuten ja zunächst Verzicht, Karriereknick, Beziehungsbelastung, und da stellt sich natürlich auch ein gewisses Neidgefühl ein, wenn man das Leben, das man vorher hatte, nicht mehr leben kann. Man möchte ja beides, Kind und Job. Also entwerte ich das andere Lebensmodell, damit mich der Verzicht darauf nicht so sehr schmerzt.

Bei einer Frage jedoch herrscht absolute Einigkeit: Was hat oberste Priorität in Ihrem Leben? »Meine Kinder!« Das sagen sie alle, egal, ob sie Veronika Ferres, Ursula von der Leyen oder Andrea Nahles heißen. Und völlig unabhängig davon, dass ausgerechnet diese Frauen entweder einen Spielfilm nach dem anderen drehen oder als Spitzenpolitikerinnen ihre Mamipflichten zwischen tausend berufliche Termine quetschen müssen.

## Wenn Mütter in den Job zurückwollen

Nur die Hälfte aller erwerbstätigen Frauen in Deutschland hat eine Vollzeitstelle – das ist der zweitniedrigste Wert in Europa. In keinem anderen Land arbeiten weibliche Teilzeitkräfte weniger Stunden pro Woche, obwohl nach einer Allensbach-Umfrage jede dritte Mutter, die in Teilzeit ist, gern mehr arbeiten würde. Wenn da nicht die Männer wären.

»Wenn ich morgens ins Büro komme, sitzen die meisten männlichen Kollegen schon an ihren Schreibtischen«, erzählt die Radiojournalistin Birgit, 37, »und das können sie nur, weil eine Frau ihnen den Rücken freihält. Wir müssen das selbst tun. Wenn ich um siebzehn Uhr losrenne, um meine Tochter von der Kita abzuholen, sitzen die männlichen Kollegen immer noch da. Sind sie deswegen produktiver? Ich glaube: Nein! Aber es gibt diesen Kult mit der Anwesenheit, auch wenn man, wie die meisten Männer, nur privat mit dem PC beschäftigt ist.«

Ach, ihr Männer! Große Klappe und manchmal nicht so viel dahinter, wie es in einem Leserbrief an die *Süddeutsche Zeitung* mehr als deutlich wurde: »Warum sollte eine Frau schwanger werden?«, fragt ein Leser besorgt. »Ein Kind auf die Welt bringen und es nach etwa sechs bis zwölf Monaten möglichst schnell wieder loswerden wollen, in der Kinderkrippe abgeben, um es dann abends mal ein oder zwei Stunden zu sehen? Nein, das kann es nicht sein. (...) Keine Kinderkrippe kann die Mutterliebe ersetzen.« Und irgendwo seufzt vermutlich seine Frau, während sie gleichzeitig bügelt, Hausaufgaben betreut und die Tomatensoße für die Familiennudeln umrührt.

Untersuchungen haben übrigens ergeben, dass Kinder berufstätiger Mütter nicht auffälliger sind als die von Vollzeitmuttis, im Gegenteil, Verhaltensauffälligkeiten wurden öfter bei Kindern festgestellt, von denen nur ein Elternteil erwerbstätig ist, denn nicht die Quantität der Anwesenheit ist für eine gute Mutter-Kind-Bindung entscheidend, sondern die Qualität. Aber das wissen wir ja längst.

»Ich habe meine kleine Tochter immer dann ganz besonders geliebt, wenn ich nach einem langen Arbeitstag total kaputt nach Hause kam«, erinnert sich Trudi, 61, die drei Töchter allein großgezogen hat. »Ich bin dann blitzschnell in ihre Kinderwelt eingetaucht und habe alle meine Sorgen vergessen.«

Nicht die Quantität der Anwesenheit ist für eine gute Mutter-Kind-Bindung entscheidend, sondern die Qualität.

Irgendwo, vermutlich in Timbuktu, gibt es ihn natürlich, den eierlegenden Wollmilcheber, den erfolgreichen, liebevollen Mann, der nach Hause kommt, »Schatz, jetzt bin ich mal dran« sagt und sich um die Kinder kümmert, seine beachtlichen Fähigkeiten als Hobbykoch austobt und spätabends nicht zu müde ist, seine erschöpfte Ehefrau mit einer Fußmassage oder heißem, trotzdem einfühlsamem Sex zu verwöhnen, bei dem sie entspannt unten liegen darf. Leider ist Timbuktu sehr weit weg.

## Mama macht die normale Show, Papa die Zugabe

Die Show von Papi ist immer super, egal, wie kurz sie ausfällt. Von der normalen Show kann man das nicht immer behaupten. Muttiküche ist ja leider auch nicht so spannend wie das leckere Zitronenhühnchen, das Papa einmal im Monat zubereitet. Ja, die Welt ist ungerecht. Die Schauspielerin Catherine Deneuve, Mutter von zwei Kindern, sieht die Mutterfrage wie eine typische Französin: »Man lebt nur einmal. Wenn Eltern nur das Leben ihrer Kinder leben, hört das nie auf«, sagte sie in einem Interview der *ZEIT*. »Ich bin davon überzeugt, dass man tun sollte, wozu man Lust hat. Sich aufzuopfern – das ist das Wort, das ich am schlimmsten finde. Und das Allerschlimmste ist, nichts zu sagen, sondern es die Kinder spüren zu lassen. (…) Die Mütter vergessen, dass sie nicht nur Mütter sind. Dass die Kinder älter werden, auf eigenen Beinen stehen sollten. Aber oft wollen sich diese Frauen ewig gebraucht fühlen. Das ist eine Form des Egoismus, die mit dem Alter zunehmen kann.« Also, Schluss mit der Aufopferung. Im Grunde genommen ist die Sache ganz einfach: Den größten Gefallen, den wir unseren Kindern tun können, ist, ihnen das Gefühl zu geben, dass es uns auch ohne sie gut geht.

## Nadja, 46, drei Söhne, 12, 14 und 18

»Für mich war immer wichtig, dass ich finanziell unabhängig bin. Das liegt sicher daran, wie ich aufgewachsen bin, es gab immer wieder finanzielle Engpässe und vieles war einfach gar nicht möglich. Meine Mutter hat gearbeitet, war teilweise sogar Hauptverdienerin, und das prägt schon. Es gibt Frauen, die können damit wunderbar leben, dass sie sich von ihren Männern finanzieren und aushalten lassen, für mich ein völlig überholtes Lebenskonzept, absolut nicht mehr zeitgemäß. Ich habe mich als Mutter nach der Geburt meines ersten Sohnes völlig inkompetent und überfordert gefühlt, dachte, ich krieg das nicht hin, das Kind weint immer und ich kann es nicht beruhigen. Da war plötzlich so ein Gefühl von Sorge, das kannte ich gar nicht. Ich sprach mit meiner Schwiegermutter darüber, die sagte: ›... und das hört auch nie wieder auf!‹

Es war wie eine Befreiung, nach vier Wochen wieder zu arbeiten, etwas tun zu können, das ich konnte. Muttersein konnte ich nicht, obwohl ich immer Kinder wollte. Anfangs haben mein Mann und ich unsere Schichten im Krankenhaus so gelegt, dass wir uns abwechseln konnten. Danach ging unser Sohn zur Tagesmutter. Das Gefühl, inkompetent zu sein, verschwand erst mit der Geburt unseres zweiten Sohnes. Mit dem dritten Kind wurde es dann wieder schwierig. Als es fünf Monate alt war, musste ich meine Facharztausbildung beenden. Durch Zufall bekam ich eine Stelle bei einem Allgemeinmediziner, also habe ich ganz schnell abgestillt. Ich hatte eben nicht so ein Zutrauen ins Leben, habe mir immer Druck gemacht: Wenn ich das jetzt nicht mache, kann ich meine Facharztausbildung nicht abschließen. Vormittags hatten wir einen Babysitter und an den drei Nachmittagen, an denen die Praxis geöffnet hatte, kam abwechselnd eine der Großmütter. Morgens brachte ich unseren ältesten Sohn in die Schule, den mittleren in den Kindergarten, raste in die Praxis. In der Mittagspause holte ich die Kinder wieder ab, brachte sie nach Hause. Der Albtraum war, wenn irgendjemand krank wurde.

Einmal hatte ich ein Art Nervenzusammenbruch. Ich saß den ganzen Tag im Garten und habe nur geweint, konnte auch gar nicht mehr sprechen. Ich habe fast ein Dreivierteljahr gebraucht, um mich davon zu erholen. Heute würde ich sagen, das war der reinste Wahnsinn. Vielleicht hätte ich nicht so viel Gas geben müssen damals, aber ich hatte das Gefühl, ich schaffe es sonst nicht.

Aber Muttersein ist nur ein Teil meines Lebens. Es war mir immer klar, dass ich ein Modell lebe, für das ich mich rechtfertigen musste vor Frauen meiner Generation. Aber ehrlich gesagt brauche ich den Vollzeitmüttern nur ins Gesicht zu sehen, um mich bestätigt zu fühlen. Eigentlich müssten sie zufrieden sein, aber sie strahlen etwas ganz anderes aus: Sie wirken immer gestresst und betreuen ihre Kinder so konzentriert, als operierten sie am offenen Herzen.

Ich bin auch von anderen Müttern als Rabenmutter bezeichnet worden, in Deutschland existiert so eine alberne Betreuungsphobie für Kleinkinder. Niemand hat sich dafür interessiert, warum ich arbeiten will. Ich war einfach nicht gut darin, zu Hause zu sein, ich war eine ungeduldige Mutter. Ich konnte nicht mit Kleinkindern stundenlang auf dem Boden sitzen und spielen. Interessant ist, dass viele von denen, die mich damals kritisiert haben, heute sagen: ›Vielleicht hast du es doch richtig gemacht.‹ Das höre ich vor allem von Frauen, die den beruflichen Einstieg nicht wieder geschafft haben.«

TIL
KINDER...! EH MAN SICH VERSIEHT, SIND SIE ERWACHSEN...

# »Warum wir niemals aus dem Gröbsten raus sind« – Generation Praktikum oder Generation Watte

Es könnte natürlich sein, dass Sie eins dieser Kinder haben, das mit einem sonnigen Lächeln auf den Lippen durchs Leben gleitet wie heiße Milch mit Honig. Nach einer problemfreien Kindheit kommt eine Pubertät, die Sie kaum bemerken, außer dass Ihr Sohn Ihnen endgültig über den Kopf wächst und Ihre Tochter jeden Morgen wie ein Zombie geschminkt das Haus verlässt. Nach einem Schulabschluss als Jahrgangsbeste beginnt Ihr wohlgeratener Nachwuchs seine Ausbildung, die er in Rekordzeit abschließt, um danach sofort einen Job zu kriegen, bei dem er so viel verdient, dass seine Eltern nicht nur nie wieder etwas für ihn bezahlen müssen, nein, im Gegenteil, von ihm in Zukunft nur noch verwöhnt werden. »Ihr habt so viel für mich getan«, sagt der Nachwuchs bei einem seiner täglichen Anrufe: »Jetzt bin ich mal dran! Wollt ihr Business oder First nach Bali fliegen?«

## Wie die Realität wirklich aussieht

Das wahre Leben dagegen klingt weniger nach Superfamilie, sondern mehr nach Selbsthilfegruppe. Die graue Wirklichkeit sind Schulabgänger, die wir mehr oder weniger mühsam durch die Schule geschleift und für deren Nachhilfeunterricht wir den Gegenwert eines mittleren Kleinwagens bezahlt haben. Geschafft, denken die erschöpften Eltern, wenn ihr Kind die letzte Hürde mit Ach und Krach genommen hat und stolz ein Abschlusszeugnis in Händen hält. »Jetzt geht's los«, meinte auch Verona, 51, ganz euphorisch, als sie ihren Sohn Fabian, 21, »durchs Abi geprügelt« hatte, wie sie es nennt. »Jetzt kommt die Uni und danach ein toller Job.« Ein schöner Traum! Nichts ging los. Die Fächer, die ihn interessierten, hatten einen zu hohen Numerus clausus, alle Lehrbetriebe mit dualer Ausbildung winkten ab, als sie sein, zugegeben saumäßiges, Abizeugnis sahen. Fieberhaft bemühten sich Verona und ihr Mann um ein Praktikum, irgendwas, irgendwo, Hauptsache, Fabian hatte eine Pseudobeschäftigung, die ihn morgens aus dem Bett zwang. »Wir sind unseren Freunden in dieser Zeit richtig auf die Nerven gegangen«, sagt Verona. »Jeden, der infrage kam, haben wir gefragt: ›Kann Fabian bei euch ein Praktikum machen? Ihr müsst auch nichts bezahlen.‹« Übrigens eine Praxis, die viele Unternehmen ausnutzen. Beschäftigungstherapie quasi zum Nulltarif. Dafür ein Kind, das sinnvoll unterwegs ist und nicht bis nachmittags im Bett herumlungert.

»Mein Sohn wollte ein Praktikum bei einer Produktionsfirma machen«, seufzt Edith, 49. »Er war siebenundzwanzig, hatte einen Abschluss von der Filmhochschule, wollte endlich loslegen, Geld verdienen. ›Vierhundert Euro‹, sagten die Leute von der Filmfirma, ›wenn Ihnen das zu wenig ist, kein Problem, wir haben genug Eltern, die glücklich sind, wenn wir ihre Kinder nehmen.‹« Ja, sie ist leider oft trügerisch, die elterliche Hoffnung, dass ihre Kinder nach der Schule »aus dem Gröbsten« heraus sind. Kaum vom Schulstress erholt, müssen wieder die Eltern ran, denn ihre Kinder fühlen sich in dieser Phase der Neuorientierung meist völlig überfordert. Abgesehen davon, dass die Welt nicht auf einen gewartet hat, woher soll man wissen, was man will, wenn man keine herausragende Begabung hat, für nichts so richtig brennt, keine Leidenschaft und Interessen hat, also ein ganz normaler Schulabgänger ist?

»Ich erinnere mich nur mit Grauen an diese Zeit«, sagt Verona. »Wir hatten zwar ein paar Praktika aus Freunden und Verwandten herausgeschmeichelt, in der Apotheke meiner Schwägerin, auf dem Bau bei einem Freund meines Mannes, aber alle Beteiligten waren froh, als es vorbei war. Fabian war einfach nicht besonders anstellig, vermutlich, weil er ein Einzelkind ist und ich ihm immer alles hinterhergeräumt habe.« Eine schwierige Zeit. Und was sie besonders schwierig macht, ist ihre Unabsehbarkeit. Wird unser Kind irgendwann sein eigenes Geld verdienen oder noch mit dreißig als Praktikant bei H&M die Regale aufräumen? »Warum kann er sich nicht an einer Uni einschreiben, mit jemandem seines Alters ausgehen, einen verdammten Abschluss machen, sich einen Job suchen, ein Leben aufbauen?«, schreibt die Schriftstellerin Lauren Grodstein in *Die Freundin meines Sohnes*. Und während sich im Laufe der Monate und Jahre die Spreu vom Weizen trennt, die Harten in den Garten beziehungsweise in Ausbildung und Beruf kommen, gehört ein viel zu großer Teil Kinder zwischen zwanzig und dreißig Jahren leider immer noch zur Generation Praktikum. In dieser Phase sind Eltern, deren Kinder – bereits doppelt promoviert – ihre erste Million in New York verdienen, für ihre Freunde, deren Nachwuchs gerade wieder zu Hause eingezogen ist, sehr schwer erträglich.

»Jetzt kommt die Uni und danach ein toller Job.« Ein schöner Traum!

»Ich hasse sie, diese Eltern mit den Eins-mit-Sternchen-Kindern«, seufzt Brigitte, 63, deren Sohn zwar auch promoviert hat, dessen Fachgebiet – Frühe keltische Geschichte – jedoch beim Taxifahren eher weniger zur Geltung kommt. »Ich fühle mich dann immer wie die Klassenschlechteste. Das geht an die Substanz – materiell und physisch.«

## Noch ein Tabuthema: Mein Kind schafft es nicht!

Über alles wird geredet, in Talkshows, bei Stammtischen oder bei einer Nudel unter Freunden, ein Thema bleibt tabu und es heißt: »Mein Kind ist fast dreißig und packt es einfach nicht!« Diese Scham, wenn die fünfundzwanzigjährige Tochter nach drei abgebrochenen Ausbildungen noch immer »ihre Mitte« nicht gefunden hat oder der neunundzwanzigjährige Sohn nach einem Einser-Abi und Summa-cum-laude-Promotion wieder in seinem Kinderzimmer wohnt, weil sein Jahresvertrag als wissenschaftliche Lehrkraft an der Uni nicht verlängert wurde.

Natürlich wissen wir, dass wir nicht die einzigen Eltern sind, die sich nachts schlaflos im Bett wälzen, aber als unsere Kinder noch in der Schule waren, war der Begriff »Generation Praktikum« für uns so uninteressant wie das Wetter auf dem Mars. Ein anderes Planetensystem, auf dem sich Eltern und ihre erwachsenen Kinder tummelten, die irgendetwas falsch gemacht haben mussten. Vielleicht waren sie einfach zu dumm? Zu faul? Zu antriebsschwach? Zu übergriffig?

Tja, und dann trifft es uns. Das Kind, das nicht flügge wird. Nicht flügge werden kann. Anfangs noch voller Optimismus, helfen wir bei den Bewerbungen, motzen im Lebenslauf das Austauschjahr in Amerika als »konnte in Amerika an einer renommierten Highschool internationale Erfahrungen sammeln« auf, merzen alle Rechtschreibfehler aus und dann … kommt die erste Absage, die zweite, so geht es weiter.

## Die Bumerang-Kinder

Auf Eltern, die nicht loslassen können, haben sich Universitäten inzwischen eingestellt. Immer mehr Fakultäten bieten Elternsprechtage und Elternabende zu dem Thema »Mein Kind will studieren« an. Eltern kommen mit zur »Erstsemesterbegrüßung« und zur »Wohnheimplatzvergabe«, wo sie verbissen um das bessere Zimmer für ihr Kind streiten.

»Boomerang Kids«, Bumerang-Kinder, nennt man in Amerika die Kinder, die immer wieder zurück ins Nest schlüpfen. »Hallo, da bin ich wieder! Wieso steht denn ein Bügelbrett in meinem Kinderzimmer?« Im Gegensatz dazu stehen die bereits erwähnten »Helicopter Parents«, Eltern, die nicht loslassen können und ständig liebevoll besorgt über ihrem Nachwuchs kreisen. Die einen wollen und die anderen können nicht loslassen.

»Einige Eltern sind übervorsichtig und lassen ihren Kindern gar keine Chance, selbstständig zu werden«, sagt ein Mitarbeiter des Studentenwerks. »Sie herrschen ihre Kinder nach einer halben Stunde an: ›Nun sag doch auch mal was.‹ Oder die Eislaufmuttis, die die ganze Zeit reden und zu ihrem Kind sagen: ›Ich kenne dich doch, ich weiß, was gut für dich ist.‹« Das, was noch zu unserer Zeit eine Selbstverständlichkeit war – Schulabschluss, Ausbildung, Beruf –, ist bei unseren Kindern eine scheinbar unüberwindliche Hürde. Eine schwierige Zeit für Eltern und für Kinder. Der Schulrhythmus fehlt, das Eingebundensein in Rituale, Termine, Freundschaften. »Wir haben dem Ende der Schulzeit geradezu entgegengefiebert«, sagt Regina, 46, »und uns den nächsten Lebensabschnitt unserer beiden Söhne spannend für sie, entspannend für uns vorgestellt. Sie sollten möglichst nicht in ihrer Heimatstadt studieren, damit sie Wind unter die Flügel kriegen, möglichst weit weg, wo ich sie dann gern besucht hätte. Stattdessen macht unser Dreiundzwanzigjähriger gerade ein Praktikum bei Freunden von uns und der Jüngere jobbt im Getränkemarkt. Natürlich wohnen beide noch bei uns.«

Das, was noch zu unserer Zeit eine Selbstverständlichkeit war – Schulabschluss, Ausbildung, Beruf –, ist bei unseren Kindern eine scheinbar unüberwindliche Hürde.

## Die Vollkasko-Kinder

Wenn wir unsere Kinder finanziell in Watte gebettet durchs Studium begleiten, das Auto, die Wohnung, die Praktika in aller Welt finanzieren, kann es sein, dass wir, wenn sie erwachsen sind, eine herbe Enttäuschung erleben. Die meisten sind in relativem Wohlstand, behütet, ohne Zwänge und Tabus, groß geworden. Sie haben schicke Doppelnamen wie Anna-Lena, Sophie-Marie oder Paul-Leo und Jan-Eric. Sie haben die halbe Welt bereist. Im Flugzeug natürlich, nicht per Anhalter wie ihre alten Eltern, die sich jetzt gern eine Weltreise gönnen würden, aber, ach, es dauert, bis die Brut endlich aus dem Nest fliegt! Und wir bei aller Liebe auch ein wachsendes Gefühl von Unruhe und Genervtheit manchmal nicht unterdrücken können, weil wir uns eigentlich auf die neue Freiheit gefreut hatten und uns nicht wieder über leere Autotanks, Kühlschränke und Kinder, die bis weit nach Mitternacht mit ihren Freunden in unserem Wohnzimmer »vorsaufen«, ärgern wollten.

Es gibt eine Menge Gründe, warum heutzutage noch so viele junge Leute an der elterlichen Nabelschnur hängen: die Wirtschaftslage, schlechte Zeugnisse, Antriebsarmut, Letzterer auch oft verursacht durch zu geringen elterlichen Antrieb. Und so sind der Hauptgrund oft wir, die Eltern. Denn warum zieht eine dreiundzwanzigjährige Studentin nicht ins Studentenwohnheim oder in eine Wohngemeinschaft? Warum bleibt sie lieber in ihrem Jugendzimmer mit der Barbie-Bettwäsche? Warum kriecht ein Einunddreißigjähriger nach diversen Pleiten, Pech und Pannen beruflicher und privater Natur wieder ins Hotel Mama zurück? Weil es dort so gemütlich ist!

Wer kennt es nicht, dieses Plopp, mit dem am Sonntagmittag der volle Wäschesack im Flur fallen gelassen wird, weil der Sohn, während er den mütterlichen Sonntagsbraten verspeist, seine Wochenwäsche waschen will beziehungsweise von Mutti waschen lässt? Wer kennt sie nicht, die alte Dame, die ihrem Sohn, auch schon weit in den Vierzigern, erst einmal sein Hemd ordentlich bügelt mit den Worten »Deine Frau kann das ja nicht richtig …« und dann sein Lieblingsessen in der Tupperdose mitgibt, wenn er sie besucht?

Der Grund, warum wir, die heute Fünfundvierzig- bis Fünfundsechzigjährigen, gleich nach der Schule ausgezogen sind, lag an unseren winzigen, nicht besonders gemütlichen Kinderzimmern und an den strengen Regeln unserer Eltern. Bis mittags im Bett herumlungern? Frühstücken, wenn die Küche längst aufgeräumt war? Den ganzen Tag im Pyjama herumlaufen, weil es »chillig« ist? Vorglühen mit den Kumpels bis Mitternacht und dann ab in die Klubs? Übernachtungsbesuch gegengeschlechtlicher Art, Wand an Wand mit dem Elternschlafzimmer? Und dann, halb nackt und postkoital, entspannt zwei Spiegeleier braten?

Loslassen bedeutet, beide Hände wieder frei zu haben.

Genau das ist der Unterschied. Wir wären gar nicht auf die Idee gekommen. Unsere Kinder kennen es nicht anders.

Ist nicht jenseits des zwanzigsten Lebensjahres unserer Kinder das Verfallsdatum für den Aufenthalt im Elternhaus so langsam abgelaufen? Wir finden: ja. Wenn Kinder groß sind, müssen sie lernen, für sich selbst zu sorgen. Das geht nur in Ausnahmefällen in der elterlichen Wohnung. »Mein Sohn Paul war die absolute Superschlampe«, erinnert sich seine Mutter Karin, 52. »Ständig gab es Streit, weil er einfach alles, was er nicht mehr brauchte, fallen ließ wie Hundehäufchen. Und dann zog er in seine erste eigene Wohnung. Und als wir die Treppen hochkamen, rief er uns von oben zu: ›Zieht bitte die Schuhe aus, ich hab gerade gesaugt.‹ Das fand ich ganz wunderbar.«

Wie heißt es so schön? Loslassen bedeutet, beide Hände wieder frei zu haben. Aber bitte nicht zum Aufräumen des Kinderzimmers.

## Magda, 58, ein Sohn, 27

»Ich habe immer funktioniert, war Chefsekretärin, immer von Entscheidungsträgern umgeben. Ich selbst bin auch eine, die gut funktioniert, die belastbar ist, die gerade Wege liebt. Ich bin ungeduldig, Dinge müssen immer schnell passieren. Hopp, hopp! Mein Sohn Ferdinand war nie wie ich. Er ist viel langsamer, viel zögerlicher als ich, neigt zur Schwermut. Als er klein war, habe ich das nicht so erkannt, er war nie ein guter Schüler, ist immer im Mittelfeld so durchgerutscht. Die Probleme fingen nach dem Abi an, er wusste einfach nicht, was er mit sich anfangen sollte. Nichts interessierte ihn so richtig. Er kriegte einfach, um es mal ganz drastisch zu sagen, den Arsch nicht hoch. Da ich eine sehr lösungsorientierte Frau bin, habe ich all meine Freunde, Bekannten, entfernten Familienmitglieder um Rat gefragt und um Praktika gebeten. Meinem Sohn war das oft peinlich. ›Mensch, Mami, du bietest mich ja an wie sauer Bier‹, beschwerte er sich, von selbst tat er nie etwas. Ich habe ihn dann an einer Wirtschaftsschule angemeldet, natürlich privat, natürlich schweineteuer. Die ging vier Jahre, im dritten Jahr hat er abgebrochen. War doch nicht so sein Ding, wie er mir sagte. Da bin ich richtig ausgerastet. ›Ich steh mit dem Rücken zur Wand‹, habe ich geschrien. ›Wenn du nicht endlich in die Hufe kommst, dann sehe ich ganz schwarz für dich.‹

Das war der Tiefpunkt zwischen uns. Mein Sohn verzog sich ins Bett, wo er ganze Tage verbrachte. Wenn ich sein Zimmer betrat, sagte er nur matt: ›Na, willst du mal gucken, was der Loser so macht?‹ Sein Anblick machte mich gleichzeitig wütend und sehr besorgt. Wütend, weil er so ganz anders war als ich in seinem Alter, da arbeitete ich bereits als Sekretärin und war alleinerziehende Mutter, da hatte ich keine Zeit, um mir eine ›Luxusdepression‹ zu leisten, wie ich es insgeheim nannte. Besorgt, weil es ja vielleicht gerade an mir lag, dass er sein Leben so schlapp anpackte. Vielleicht hatte ich ihn mit meiner Tüchtigkeit, meinem ›Aufstehen, kalt duschen und dann ran an die Arbeit‹-Ansatz nur noch tiefer in die Untüchtigkeit getrieben. Ein Vatervorbild gibt es nicht, sein Erzeuger war eine ganz kurze, verheiratete Affäre – und ich nicht seine einzige, wie ich inzwischen weiß. Er weiß von seinem Sohn und überweist regelmäßig Geld, aber da er noch vier andere Kinder von drei anderen Frauen hat, will er ihn nicht sehen. Ich habe immer gedacht, dass ich es auch allein wuppe, dass ich meinem Sohn Vater und Mutter sein kann, aber vielleicht habe ich uns beide damit auch überfordert.

Nach dem Abbruch seines Studiums hat er zwei Jahre lang gejobbt, im Getränkemarkt und bei einer Eventagentur. Und ich habe mir sehr mühsam, aber erfolgreich, angewöhnt, ihn nicht mehr so unter Druck zu setzen. Ich bin schnell, mein Sohn hat ein anderes Grundtempo. Ich bin sehr ungeduldig, er kann abwarten. Das kann ja auch ein Vorteil sein, manchmal brauchen die Dinge eben länger, um sich zu entwickeln. Ich sage mir immer wieder, es ist sein Leben. Und wenn ich an diesem Leben teilhaben will, dann muss ich ihn so akzeptieren, wie er ist. Ich habe viele Fehler gemacht, zum Beispiel ihm sechs Monate lang den Geldhahn abgedreht. Wir hatten in der Zeit keinen Kontakt, aber seine Freunde haben mir später erzählt, dass er da wohl ein paar etwas krummere Dinger gedreht hat.

Was in dieser Zeit am schlimmsten war? Die ständigen Fragen nach ihm. Manche Eltern haben da richtig Salz in meine offene Mutterwunde gerieben: ›Immer noch nichts Festes? Unser Fabian hat gerade ein Stipendium in Harvard bekommen, danach drei Angebote von New Yorker Investmentfirmen.‹ Irgendwann habe ich nur noch gesagt: ›Kein Thema, nächstes Thema.‹

Im Moment macht mein Sohn ein Praktikum, wo er viel draußen in der Natur ist. Es scheint ihm zu gefallen. Ich bezahle seine Wohnung und seine Krankenkasse, für den Rest ist er zuständig. Ich bin vorsichtig optimistisch.«

DAS IST JETZT ABER BLÖDE. MEIN UNEHELICHER SOHN VERBRINGT DAS WOCHENENDE BEI SEINEM VATER.
TIL

# »Glückliche Familie? Das ist eine Illusion!« – Die große Patchworklüge

Papa stürzt aus dem Kinderzimmer, aus dem lautes Geschrei dröhnt. »Schatz, hilf mir! Dein Kind und mein Kind schlagen gerade unser Kind.« Diesen Witz sandte ein Zuschauer bei der Sendung *Hart aber fair* zum Thema Patchworkfamilien im September 2011 ein.

Es klingt so simpel. So trügerisch einfach. »Mami und Papi trennen sich, aber das hat nichts mit dir zu tun. Mami und Papi sind auch weiterhin gute Freunde. Und sie haben dich noch immer ganz doll lieb, mein Schatz. Für dich ändert sich im Grunde gar nichts. Im Gegenteil, du hast jetzt zwei Kinderzimmer.« Aber es bleibt eben nicht bei zwei Kinderzimmern. »Komm, setz dich mal zu mir, mein Schatz, Mami möchte dir etwas sagen. Etwas Wunderschönes, du wirst dich freuen. Also, ich hab da jemanden kennengelernt, den ich sehr, sehr gern mag. Du wirst ihn auch mögen, da bin ich ganz sicher. Und seinen Sohn Kevin auch, der ist sogar in deinem Alter! Der kann dir dann bei Mathe helfen, da hat er nämlich eine Eins!« Früher war man ehrlicher. Stiefvater oder Stiefmutter nannte man den neuen Partner der Eltern, was nicht nur im Märchen böse und feindselig klang. »Stief« kommt von »stiof« und ist das althochdeutsche Wort für »beraubt«, »verwaist« und bedeutete nicht nur bei Schneewittchen oder Aschenputtel nichts Gutes, sondern auch heute nicht, egal, wie sehr wir die Realitäten mit vorauseilendem Optimismus auch zukleistern.

Patchworkfamilie heißt das Zauberwort, auch so ein trügerisch niedlicher Begriff. Klingt nach Kuschelquilt mit Herzchen und kleinen Schäfchen drauf. Fühlt sich aber oft an wie ein Kratzepulli.

## Patchwork entsteht, wenn vorher etwas kaputtgegangen ist

Es sind nämlich zwei Familien, die einmal als Ganzes angefangen haben. Ehen zerbrechen, es gibt Scherben, die sich nicht mehr zusammensetzen lassen, die Scherben werden also beiseitegekehrt. Einer oder beide Partner verlieben sich wieder, neue Lebensgemeinschaften werden gegründet, jeder bringt seine Vergangenheit und seine Kinder mit. Ein Flickenteppich entsteht.

In einem idealen Leben sähe das jetzt so aus: Mami heiratet neuen Papi, Papi heiratet neue Mami. Es entstehen zwei neue Haushalte, in denen sich alle Kinder sofort sauwohl fühlen. Und wenn es neue Kinder gibt, spielen die alten mit dem allergrößten Vergnügen den Babysitter. Schön wäre es, zumal es so viele Flickenteppiche in Deutschland gibt. Fünfzig Prozent der Ehen werden innerhalb der ersten sieben Jahre wieder geschieden. Mehr als die Hälfte aller geschiedenen Mütter und Väter haben nach etwa einem Jahr wieder einen Partner. Nach Angaben des Statistischen Bundesamts gibt es 347000 Patchworkfamilien in Deutschland. Die »normale« Kleinfamilie mit Mama, Papa und zwei Kindern ist heute eher die Ausnahme, die wieder einmal die Regel bestätigt.

»Mami, wieso seid ihr eigentlich nicht geschieden?«, fragte ein weiblicher Teenie in der U-Bahn seine Mutter. »Patchwork ist viel cooler, die Tini hat jetzt zwei neue Brüder und ich hab nur den einen alten.«

## Fremde Kinder mögen – gar nicht so einfach!

Nur weil Patchwork immer häufiger wird, muss diese Form des Zusammenlebens nicht besser funktionieren. Zwar behaupten es manche, doch in Patchworkfamilien haben nicht alle Eltern alle Kinder gleich lieb. Manche brauchen Jahre, um die Lüge im eigenen Herzen zu entdecken. Patchwork heißt Flickenteppich, man sieht also die Nähte, die die einzelnen Stücke zusammenhalten, und die sind manchmal klein und zart, aber auch oft dick und wulstig. Weil es sich um Menschen mit Gefühlen handelt, und die lassen sich nun einmal nicht erzwingen, auch wenn es um Familie geht.

In einem Chatroom schreibt eine Mutter: »Ich verneige mich tief vor allen, die fremde Kinder mögen und sie in die neue Familie integrieren. Hut ab, wer so etwas kann. Ich nicht.« Und Anne, 45, die einen Mann mit zwei pubertierenden Söhnen geheiratet hat, ist immer froh, wenn die beiden die halbe Woche bei ihrer leiblichen Mutter sind: »Mein Mann dürfte das jetzt nicht hören, aber es sind zwei Plagegeister, bei denen es mich oft reizt, sie auszusperren oder zu erwürgen … Die beiden sind eine extreme Herausforderung für unsere Beziehung!«

Und Hanna, 37, bringt es auf den Punkt: »Die fünfzehnjährige Tochter meines Mannes gleicht seiner Exfrau total. Sie ist genauso zickig und launisch wie sie, hat leider aber auch ihre hübsche Figur. Ich bin eifersüchtig und mag sie nicht, weil ich sie einfach als Produkt ihrer Liebe begreife. Wenn ich sehe, wie mein Mann mit ihr spricht und umgeht, dann spüre ich einfach, dass ich nur die zweite Geige in seinem Leben spiele.«

> Manche brauchen Jahre, um die Lüge im eigenen Herzen zu entdecken.

So ist das Leben. Kinder aus den früheren Beziehungen erinnern einen ständig daran, dass der Partner schon einmal eine große Liebe hatte, mit der er auf ewig verbunden bleibt, weil er mit ihr Kinder hat, die er liebt und denen gegenüber er sich schuldig fühlt, besonders wenn er die Familie verlassen hat.

Ein neuer Partner muss deshalb aushalten, dass er oft an zweiter Stelle kommt, denn er wird von seinen »Stiefkindern« häufig als Eindringling gesehen, ein lebender Beweis dafür, dass sich die Eltern nie wieder versöhnen werden. Bei Trennungen ohne Kinder dauert es ein bisschen, den Ex aus den Gedanken verschwinden zu lassen. Wenn Kinder da sind, geht das nicht. Das Schwierige in Patchworkfamilien ist, dass Mann und Frau meist keine Zeit haben, sich richtig kennenzulernen und sich in Ruhe zu begegnen. Immer sind Kinder da. Und: Die Kinder sind NICHT verliebt. Sie sind schlimmstenfalls in der Pubertät und nur genervt von dem Vater oder der Mutter, die »auf verliebt machen«, ein neues Leben beginnen möchten, während sie dem alten nachtrauern.

Das ist schwierig für die neue Liebe, denn Angst, Genervtheit, Unsicherheit, Konkurrenzgefühl passen eigentlich nicht in diese Phase. Und Kinder, egal, ob »Stief« oder nicht, stören das Paradies, bringen die unerwünschte Realität in die eigentlich wunderbare Anfangszeit. Denn gerade Frauen wollen jetzt im Grunde nur eins: Regression zum zärtlichen Weibchen mit Kuschelbedürfnis, am liebsten in einer Welt, zu der sonst niemand Zutritt hat. Und genau das geht nicht, wenn man als Frau einen Mann mit Kindern liebt. »Ich liebe meinen zweiten Mann, aber er hat drei erwachsene Töchter, die ich am liebsten nach Sibirien verbannen würde«, sagt Karin, 57, die keine eigenen Kinder hat. »Alle drei sind Single und im Beruf erfolglos. Ständig rufen sie an, wollen Geld, wollen Liebe, wollen Papis Aufmerksamkeit. Es nervt!« Umgekehrt gilt das natürlich genauso für Männer. Die Wünsche der Kinder gehen vor und von den Liebenden wird erwartet, dass sie sich wie Erwachsene benehmen und nicht wie Frischverliebte.

Das Schwierige in Patchworkfamilien ist, dass Mann und Frau meist keine Zeit haben, sich richtig kennenzulernen.

## Kinderglück auf Wiedervorlage gelegt

Wer sich verliebt und eine neue Beziehung eingeht, möchte einen Neuanfang. Das ist jedoch illusorisch, wenn Kinder da sind, die mit Verlust und Trennung leben müssen. Die sich nicht neu verliebt haben, sondern sich oft nichts sehnlicher wünschen als den alten Zustand. Manche Väter haben ihr Kind deswegen besonders lieb, weil sie es relativ selten sehen: »Mein Sohn macht mich glücklich«, sagt ein Scheidungsvater, der seinen Sohn maximal zweimal im Monat sieht. »Bis zu seinem vierten Geburtstag hat er mit der Mutter zusammengelebt. Das war die Hölle! Trotzdem habe ich meinen Optimismus nicht verloren und möchte mit meiner neuen Frau wieder ein Kind haben, aber diesmal werde ich alles richtig machen.« Was heißt das? Wie geht das?

### Oskar Holzberg, Psychologe

Es ist durchaus möglich, dass ein Vater es in der zweiten Runde mit seinen Kindern besser macht als in der ersten. Er ist älter, reifer, gelassener geworden, er hat dazugelernt. Männer, die ihre Kinder aus erster Ehe vernachlässigen, tun dies oft aus Feigheit, weil die zweite Frau sie unter Druck setzt und sie die neue Beziehung nicht aufs Spiel setzen wollen, was wiederum starke Verlustängste bei ihren älteren Kindern auslösen kann. Auf jeden Fall ist es eine große Enttäuschung, die das ganze spätere Beziehungsmuster prägen kann. Solche Kinder werden oft zu beziehungsschwierigen, weil leicht zu verunsichern, und eifersüchtigen Erwachsenen.

Aus der Sicht des fünfzehnjährigen Sammy sieht das so aus: »Plötzlich hatte ich zwei Elternhäuser, aber jedes Mal, wenn ich eins besuche, muss ich ja das andere verlassen. Ich fühle mich deshalb, als wäre ich permanent auf der Flucht. Da ich nicht alles doppelt habe, fehlt mir oft etwas, mein MP3-Player oder mein Lieblings-T-Shirt. Ich weiß, dass mich beide Eltern lieben, also ist Mami traurig, wenn ich zu Papi gehe, der eine neue Familie hat, und umgekehrt. Richtig anstrengend ist das.«

Es sind also Jonglierkünste ohne Ende gefragt, wenn plötzlich so viele unterschiedliche Befindlichkeiten berücksichtigt werden müssen. Viele Patchworkvarianten sind denkbar und jede hat ihren eigenen Stressquotienten. Die Kinder mögen sich nicht. Papi mag seinen Stiefsohn lieber als seinen eigenen, was natürlich sein Geheimnis bleibt. Stiefmami oder Stiefpapi sind viel reicher, können den Stiefkindern mehr bieten als ihre eigenen Eltern.

Aber den allergrößten Schaden richten oft Väter an, die sich nach der Trennung mehr um ihre neue Familie kümmern als um ihre alte. Klar ist es leichter, die süße, anschmiegsame Dreijährige aus dem B-Wurf zu lieben als den stacheligen, schlecht gelaunten Fünfzehnjährigen aus dem A-Wurf, aber es ist sehr ungerecht. Es ist schlicht unverzeihlich.

Es sind also Jonglierkünste ohne Ende gefragt.

Maria, 45, weiß aus eigener Erfahrung, was in so einer Situation passieren kann. »Als mein Mann sich von mir getrennt hat, war meine Tochter sechs Jahre alt. Zwei Jahre später wurde seine Freundin schwanger. Bis dahin hatte sich mein Mann regelmäßig um unsere Tochter gekümmert, vor allem am Wochenende. Als das Baby da war, hatte er immer neue Ausreden, die Abstände wurden immer länger und er schämte sich auch nicht, seiner Tochter zu sagen: ›Ich muss ja Zeit haben für deine kleine Schwester, die ist ja noch so klein, die braucht mich.‹ Irgendwie schlief der Kontakt ganz ein. Für ihr Studium hat er dann auch nicht gezahlt. Abgelehnt, ungeliebt von ihrem Papi, ich fürchte, diese Narbe wird ihr Leben lang bleiben.«

## Liebe kann man nicht erzwingen

Verständlich, dieser Wunsch nach Perfektion und totaler Harmonie, besonders, wenn der erste Versuch kläglich gescheitert ist. Alles wird gut! Jeder liebt jeden! Nur leider sieht die Wirklichkeit ein bisschen anders aus. »Ich lebe seit bald neun Jahren ein Patchworkleben«, schreibt Elmar Krekeler in der *WELT*. »Das klingt tatsächlich niedlicher, als es ist. Es ist ein Leben auf einem ständig schwankenden Kontinent, zusammengesetzt aus tektonischen Platten, die sich dauernd verschieben, die sich reiben, auseinandertreiben, sich verändern. Weil sich die Menschen, die diese Platten in einer gemischten Familie sind, ständig verändern. Und wenn sich wer, wenn sich was verändert, tut es weh. Wir versuchen, damit zu leben, den Schaden für jeden Beteiligten so klein zu halten wie möglich. (...) Wir haben uns dieses Leben nicht ausgesucht. Es gab keine Alternative. Keiner, den ich kenne, der auch einen solchen Kontinent bewohnt, hat sich das ausgesucht. Keiner ist vor den Altar getreten oder den Standesbeamten mit dem Vorsatz, eine Patchworkfamilie zu gründen.« Vielleicht wäre Ehrlichkeit sich selbst gegenüber ein erster Schritt: Nur weil es anders ist, muss es nicht schlechter sein, aber es wird eben nie genauso sein.

Denn Zusammenbleiben um jeden Preis kann auch keine Lösung sein. So wie es die Anekdote von dem Paar erzählt, das sich nach einer langen Ehe, in der täglich die Fetzen flogen, erst dann trennte, als er vierundneunzig und sie einundneunzig war. Warum so spät? »Unsere Ehe ist schon lange kaputt, aber wir konnten es den Kindern nicht zumuten. Wir wollten erst warten, bis sie tot sind.« Wie heißt es so richtig bei *Anna Karenina* von Tolstoi? »Alle glücklichen Familien gleichen einander; jede unglückliche Familie ist unglücklich auf ihre Art.« Vielleicht helfen Ihnen die folgenden Tipps weiter, damit Sie keine voreiligen Entscheidungen treffen und hinterher unglücklich sind:

- Überstürzen Sie bloß nichts! Lernen Sie sich erst einmal als Paar in Ruhe kennen, bevor Sie Ihre Kinder über die neue Situation informieren.
- Denken Sie immer daran: Sie sind frischverliebt, Ihre Kinder sind es nicht. Ertragen Sie deshalb zu erwartende Wut- und Tränenausbrüche.
- Erwarten Sie nicht zu viel – Ihre Tochter, das Girlie, wird sich mit Ihrer Stiefschwester, der Ökotussi, nicht im ersten Durchgang gut verstehen. Geben Sie ihnen Zeit.
- Familienidylle lässt sich nicht erzwingen. Bieten Sie an, aber seien Sie nicht beleidigt, wenn Ihr Angebot nicht angenommen wird.
- Vergessen Sie nicht, dass Sie auch ein eigenes Leben haben. Sie sind nicht nur Stiefelternteil, sondern auch Mensch. Lieber ein romantisches Weekend zu zweit als Stresscamping zu acht.
- Nehmen Sie sich ab und zu Zeit für jedes einzelne Familienmitglied. Das ist wichtig für den Familienfrieden.
- Keine Eifersucht, kein Konkurrenzdenken, wenn Ihre Kinder sich in der anderen Familie auch wohlfühlen. Oder wenn ihnen dort finanziell mehr geboten wird. Kinder sind loyal, ihre Liebe bleibt Ihnen erhalten.
- Und wenn es gar nicht klappt, dann ist eine Trennung für alle das Beste.

## Bettina, 58, zwei Kinder aus erster Ehe, zwei angeheiratete und eines aus zweiter Ehe

»Wenn ich daran denke, mit welch großartigen Erwartungen wir vor fast fünfundzwanzig Jahren in diese Patchworkfamilie gestartet sind, mein Gott, waren wir naiv! Jeder von uns hatte damals zwei Kinder im gleichen Alter, die großen waren elf, die kleinen acht. Heute denke ich, es wäre besser gewesen, zwei Wohnungen zu behalten. Aber ich war emotional einfach so unter Druck, weil ich meinem Exmann beweisen wollte, dass ich es schaffe, den Kindern auch nach unserer Trennung eine tolle Familie zu bieten. Wenn uns damals jemand beraten hätte, der gesagt hätte: ›So kann es nicht funktionieren‹, hätte ich vermutlich alles anders gemacht. Es ist nämlich eine Illusion, einfach zwei Familienbruchstücke zusammenzuschmeißen und dann zu denken: So, das ist jetzt die neue Familie.

Ich wollte es aber unbedingt. Meine erste Ehe war gescheitert und ich dachte, beim zweiten Versuch wird alles ganz toll. Was unsere gemeinsamen Kinder anging, habe ich einfach behauptet: Ich liebe sie alle. Und nicht gewusst oder gefühlt, dass Liebe ein sehr, sehr großes Wort ist. Ein zu großes, wenn man das Kind gar nicht so gut kennt. Okay, mögen mag möglich sein, aber lieben? Ich konnte nicht automatisch die Mutter für noch zwei Kinder sein. Das haben sie sich eigentlich gewünscht, aber ich dachte: Wieso? Die haben doch selbst eine Mutter. Und ich hatte so einen Stress mit meinem Exmann und damit, mich um meine eigenen Kinder zu kümmern, da war einfach nicht genug Kraft, Lust und Geduld übrig.

In der Pubertät habe ich dann die ganze Wut der beiden Kinder meines zweiten Mannes abgekriegt, die eigentlich ihrer leiblichen Mutter galt. Sie hatte sich von ihrem Vater, also meinem Mann, getrennt und gesagt: ›Ich mach jetzt mein Leben mit meinem neuen Mann und meinem neuen Kind.‹ Und tschüss. Kleine Kinder sind ja auch einfacher als solche, die mitten in der Pubertät stecken. Ich fand das unmöglich von ihr. Schließlich hatte ich schon genug mit meinen eigenen Pubertätsmonstern zu tun. Und dann noch zweimal derselbe Stress, mich anpöbeln und schlecht behandeln lassen? Nein danke!

Man muss auch erst mal zugeben können, dass man so blöde Gefühle hat wie Eifersucht oder Rivalität. Nach dem Motto: Ist dein Kind etwa geiler als meins? Wenn die Geschwister unterschiedlich sind, dann sagst du, na ja, ist eben so. Aber wenn in der Patchworkfamilie der eine gut ist und der andere gar nicht, dann hast du einfach ein Gefühl von Rivalität und Eifersucht, obwohl du es gar nicht willst. Wichtig ist, dass man diese Gefühle zugibt und nicht so tut, als ob alles Friede, Freude, Eierkuchen wäre. Wenn mein Mann sagen würde, er führe jetzt mit seinen Kindern irgendwohin, würde ich fragen, und warum nicht mit mir? Das ist eine Art von Zuwendung, bei der ich sofort denke, die könnte ich selbst auch gut gebrauchen.

In Patchworkfamilien besteht immer eine gewisse Angst, dass man etwas verkehrt gemacht hat. Man ist immer dabei, seine vermeintliche Schuld abzuarbeiten, dass man sich getrennt hat und die Kinder jetzt dieser Situation ausgesetzt sind. Dadurch lässt man viel durchgehen und ist nicht konsequent in der Erziehung. Das werfen meine Kinder mir heute vor. Als wir dann noch unsere gemeinsame Tochter bekommen haben, waren die älteren Kinder eifersüchtig darauf, dass sie es so gut hat, mit beiden Eltern leben zu können. Wir haben ihr sicher auch mehr Aufmerksamkeit gegeben, weil wir älter und abgeklärter waren und sie das Nesthäkchen. Die anderen waren ja schon fast alle aus dem Haus. Wir haben uns von Anfang an vorgenommen, jetzt alles besser zu machen. Uns gesagt, wir können ganz viele Sachen noch mal gut machen. Die anderen vier haben alle irgendwie einen Schaden aus der Trennung. Das ist einfach so. Diese Eifersucht – unsere Tochter ist heute fünfzehn Jahre alt, die anderen vier sind erwachsen –, sie besteht bis heute.

In den ersten Jahren unserer Beziehung hatten wir mal eine Familienaufstellung gemacht, bei der sich zeigte, dass mein Mann mit seinen beiden Kindern das Paar war und ich mit meinen beiden Kindern. Warum haben wir nicht einfach mal gesagt: So ist es eben und das ist auch in Ordnung so. Es wächst nicht automatisch zusammen, was nicht von Anfang an zusammengehört.

Kürzlich ist mein Mann mit seiner Tochter und dem Enkelkind in unser Wochenendhaus gefahren und ich hatte keine Lust mitzufahren. Wenn das jetzt meine Tochter wäre, die schon ein Enkelkind hätte, dann wäre ich natürlich dabei gewesen. Mich zieht kein wirkliches Gefühl dahin, ich fühle mich nicht als Großmutter dieses Kindes. Die leiblichen Enkelkinder sind natürlich meinem Herzblut näher als die anderen.«

TUT MIR LEID.
WIR HABEN DA EINE
ALTERSGRENZE.
BABY
KLAPPE

# »Es hört nie auf!« – Kleine Kinder, kleine Sorgen, große Kinder, große Sorgen

Ach, waren das noch schöne Zeiten, als ein aufgeschürftes Kinderknie ein kleiner Weltuntergang war! Erinnern wir uns an ein paar Momente, wehmütig und voller Rührung, als wir auf der harten Spielplatzbank saßen, neben uns die nervige Ökomami mit den gesunden Biokeksen, mit der wir uns nur deshalb um ein Gespräch bemühten, weil unsere Kinder so überaus niedlich miteinander spielten – die Welt stand ein bisschen still, und plötzlich ein schriller Schrei mitten in unser Mütterherz. Unser Kind war hingefallen und wie der Blitz hatten wir es im Arm und trösteten es. Erinnern Sie sich an dieses unbeschreiblich innige Gefühl, wenn die Schluchzer immer leiser wurden, bis sie schließlich verebbten? Noch ein zitternder Schnaufer, eine kleine Rotznase, die sich an unserer Schulter sauber wischt – ist es nicht erstaunlich, dass man sich bei seinen Kindern vor rein gar nichts ekelt? –, dann war der Kummer vorbei. »Besser?«, fragten wir, unser Kind nickte und lief schon wieder davon. Wir sahen ihm nach und seufzten tief vor lauter Liebe und Erleichterung.

Die kleinen Sorgen, die unsere kleinen Kinder hatten oder die sie uns bereiteten – wie harmlos kommen sie uns später vor, aber wie wichtig waren sie damals! Wenn wir das bloß vorher gewusst hätten: Schlaflose Nächte gehen vorüber,

Kinderkrankheiten sind meistens heftig, aber kurz, und die schlechten Zeugnisse werden nach dem Sitzenbleiben in der nächsten Runde oft besser. »I am not a warrior, I am a worrier«, hat Woody Allen einmal von sich gesagt. »Ich bin kein Krieger, sondern ein Mir-Sorgen-Macher.« Gerade junge, unerfahrene oder alte, überängstliche Mütter empfinden oft genauso, besonders die mit dem ständig auf Hochtouren laufenden Kopfkino. »Mein Ganzkörperkrebssyndrom« nennt es Brigitte, 48, zwei Kinder. »Leider leide ich noch heute daran. Jedes kleine Wehwehchen ist ein Schreckensszenario, in dem immer nur das Schlimmste passiert. Jede Sekunde kann sich schließlich der Ziegelstein genau von dem Dach lösen, unter dem eins meiner Kinder gerade durchgeht, und ihm den Kopf zerschmettern.«

## Wir haben Angst, obwohl gar nichts passiert

Trotz regelmäßiger Versicherungen unseres Frauenarztes, dass unsere Schwangerschaft geradezu vorbildlich verläuft, sind wir zutiefst erleichtert, dass unser Kind nicht mit zwei Köpfen auf die Welt gekommen ist. Alles dran, alles, wie es sein soll. Entspannt sind wir deshalb trotzdem nicht, im Gegenteil: Unsere Angst kriegt Geschwister! Also stehen wir am Gitterbett und haben Angst, dass unser Kind zu atmen aufhört, am plötzlichen Kindstod stirbt. »Du spinnst doch«, sagen Freunde, aber gerade, wenn wir uns etwas beruhigt haben, lesen wir, dass das Baby von Hardy Krüger jr. einen Tag nach seiner Taufe daran gestorben ist und es macht PLUMPS, und dieser Stein liegt wieder auf unserem Herzen und schnürt uns die Luft ab.

»Manchmal verkrampft sich mein Herz vor lauter Angst, obwohl gar nichts passiert ist«, sagt Annemarie, 48, eine spät gebärende Mutter. »Es ist doch alles in Ordnung, sage ich mir dann, dein Sohn ist in der Schule und schreibt gerade ein Diktat, da kann ihm doch gar nichts passieren. Egal, mein Herz klopft trotzdem wie wahnsinnig, nur der rein theoretische Gedanke, es könnte ihm etwas zustoßen, ich könnte ihn verlieren, ist absolut unerträglich.«

Mensch, Mütter, reißt euch gefälligst zusammen! Lasst eure Kinder bloß nicht spüren, was für Hasenherzen ihr eigentlich habt!

»Ich spüre sofort, wenn eine Mutter überängstlich ist«, sagt ein Schwimmlehrer aus Hamburg, »und zwar auch durch die dicke Glasscheibe, die das Schwimmbecken vom Warteraum trennt, in dem die Mütter sitzen. Da ist so ein unsichtbares, dickes Band, das eine ängstliche Mutter mit ihrem Kind verbindet. Das sitzt dann am Beckenrand und traut sich gar nichts, weil Mami es am Mamiband zurückzieht. Furchtbar, diese Mütter, am liebsten würde ich sie aus dem Warteraum verbannen.«

Mensch, Mütter, reißt euch gefälligst zusammen! Lasst eure Kinder bloß nicht spüren, was für Hasenherzen ihr habt!

Mütter müssen einfach lernen, sich zu entspannen. Nichts hemmt die freie Entfaltung der Kinder mehr als überängstliche Eltern. Früher sind Kinder unbeaufsichtigt auf Hausdächer und Bäume geklettert, haben bis zum Dunkelwerden draußen gespielt, kein Erwachsener hat sich darüber aufgeregt. Vom Winde verweht, diese Zeiten. Die Medien haben uns leider die Unschuld geraubt, kein Tag vergeht ohne Zeitungsmeldungen oder TV-Berichte über entführte, misshandelte, getötete Kinder. Wenn das unser Kind wäre! Wie würden wir da weiterleben können? Gar nicht. Das wissen wir. Ohne unsere Kinder ist das Leben nicht mehr lebenswert. Deshalb machen wir ständiges Handy-Stalking (»Wo bist du, was machst du?«) und damit uns und unsere Kinder völlig verrückt.

Ob große oder kleine Ängste – wer Kinder hat, ist nie frei davon. Wir haben Angst, unser Kind könnte sich verletzen, im Kindergarten Heimweh bekommen, in der Schule keine Freunde finden. Die Lehrerin könnte es ungerecht behandeln, die Zeugnisse fallen schlecht aus, unser Kind wird deshalb nicht versetzt. Meistens sind unsere Sorgen unbegründet, meistens »verwächst es sich«, das Problem mit der Angst. Alles ist vorübergehend, jede Phase ist irgendwann zu Ende. Das wissen wir zwar theoretisch, aber praktisch denken wir bei jeder Krise, bei jedem Problem: So wird es immer bleiben! Unser Kind wird nie durchschlafen, nie laufen lernen, die Milchzähne behalten, immer der pubertierende Rotzlöffel mit den schlechten Zeugnissen bleiben. Egal, wie oft wir eines Besseren belehrt werden, wir sind jedes Mal erstaunt, wenn eine anstrengende Phase vorbei ist. Und irgendwann atmen wir tief durch und denken: Geschafft! Unser Kind ist erwachsen, es kann für sich selbst sorgen, meine Arbeit ist getan. Und genau das ist leider ein Irrtum. Ein ganz großer sogar. Auch mit dem Erwachsenwerden können die Sorgen bleiben. Denn wie gehen wir damit um, wenn wir keines dieser Prachtexemplare haben, das in einer idealen Elternwelt nach dem Schulabschluss ein Work-and-Travel-Jahr in Neuseeland verbringt, damit es den »Fernwehvirus« möglichst schnell hinter sich bringt und nicht erst mit Ende dreißig, denn dann sind wir alt und haben unsere Kinder lieber in der Nähe. Während der Ausbildung lernt es einen Partner kennen, den wir mögen, mit dem bleibt es zusammen und beschert uns mindestens zwei Enkelkinder, die ihre Großeltern über alles lieben. Dazu mehr in dem Kapitel »Wenn aus Kindern Eltern werden«.

Wenn Sie so ein Kind haben, dann lesen Sie bitte nicht weiter, denn dieses Kapitel ist ausschließlich für Eltern bestimmt, denen es nicht so gut geht wie Ihnen. Er stimmt nämlich leider wirklich, dieser blöde Spruch, der Ihnen in der Kleinkindphase so oft auf den Senkel ging: »Kleine Kinder, kleine Sorgen, große Kinder, große Sorgen.« Sie haben diesen Satz immer dann gehört, wenn Klein-Sophie im Lokal die Windel knallvoll hatte und Sie natürlich keine Ersatzwindel dabeihatten. Oder Klein-Johann die doppelverglaste Wohnzimmerscheibe mit dem Fußball in tausend Scherben schoss und Sie die Haftpflichtversicherung nicht rechtzeitig erneuert hatten. Alles reparierbar, alles nicht so schlimm. Wirklich schlimm ist dagegen die Erkenntnis, dass es Probleme gibt, die nicht so schnell zu reparieren sind. Vielleicht überhaupt nicht. Schlimm ist es, wenn Kinder Entscheidungen für ihr Leben treffen, die wir für falsch halten. Wenn sie völlig anders leben, als wir es ihnen vorgelebt haben. Das mag enttäuschend sein, ist aber nicht zu ändern. Finden wir uns einfach damit ab. Auch wenn es schwerfällt.

»Mein Sohn Nico hat mir eine Woche vor dem Abitur gesagt, dass er lieber Musik machen als studieren will«, sagt Britta, 49. »Es wäre sowieso lausig ausgefallen, aber er hätte immerhin einen Abschluss gehabt. Da er volljährig war, konnte ich nichts machen. Er hat tatsächlich die Schule verlassen. Er ist jetzt fünfundzwanzig und verdient sein Geld als Straßenmusikant. Ich könnte heulen, aber das verkneife ich mir. Jedenfalls wenn wir uns sehen, was selten genug ist, vermutlich weil er weiß, wie sehr ich unter seinem Leben leide.«

Und irgendwann atmen wir tief durch und denken: Geschafft!

## Was brauchen unsere Kinder? Zuerst Wurzeln, später Flüüügel!

Es gibt viele Nicos und Nicolas in Deutschland, Kinder, die keine mehr sind und aus Sicht der Eltern die falsche Entscheidung getroffen haben, wenn sie ihre Banklehre hinschmeißen und auf Jamaica eine Bar aufmachen, einer Sekte beitreten oder nach der Schule vor sich hindümpeln, nicht in die Gänge kommen und ihnen jeglicher Antrieb fehlt. Für viele Eltern und ihre Kinder ist die Phase nach dem Schulabschluss eine ganz besonders schwierige. Die Struktur der Schule fällt weg und wenn kein Studien- oder Ausbildungsplatz gefunden wurde, »hat man plötzlich das Gefühl, einen jungen Arbeitslosen oder Rentner zu Hause zu haben«, beschreibt es eine Mutter. »Man weiß nicht, wie man den Tag organisieren soll. Ganz schrecklich fand ich diese Phase.«

»Der Anblick meines bis mittags im Bett liegenden Sohnes hat mich schier wahnsinnig gemacht«, bestätigt Jutta, 59. »Die Schulzeit war zwar auch stressig, aber da war er wenigstens jeden Morgen aus dem Haus und bis nachmittags sinnvoll beschäftigt.«

Die besondere Belastung für Eltern von Kindern, die, was Lebenstüchtigkeit angeht, keine Selbstgänger sind, ist die Unsicherheit: eingreifen oder laufen lassen? Und die Ungewissheit, ob sich diese Situation jemals ändert. Ob sie ein vorübergehender Zustand ist oder der Anfang vom Ende. Wir wissen natürlich, dass wir zu anderen Zeiten jung waren als unsere Kinder, dass wir es vermutlich leichter hatten. Trotzdem vergleichen wir, benutzen so blöde Elternsätze wie »Also, als ich so alt war wie du, war ich schon …« und »… hatte ich bereits …«. Wir drängeln, nerven, ermahnen und erreichen gar nichts. Jeder Mensch hat sein ureigenes Lebenstempo, Kinder oft ein ganz anderes als Eltern. Das ist schwer auszuhalten, für beide Seiten.

Jeder Mensch hat sein ureigenes Lebenstempo, Kinder oft ein ganz anderes als Eltern. Das ist schwer auszuhalten, für beide Seiten.

Das gilt auch für das Liebesleben unserer Kinder, in das uns nicht einzumischen oft wahnsinnig schwerfällt. »Meine Tochter hat leider einen Hang zu Bad Boys«, seufzt eine Mutter. »Bushido ist ihr Traummann. Da sie eigentlich eine Brave ist, wird sie von diesen bösen Buben natürlich ständig ausgenutzt. Der Vorvorletzte hat ihr Konto geräumt, der Vorletzte ihr Auto zu Schrott gefahren und der Letzte mit ihr ein Doppelbett für seine neue Wohnung gekauft, in dem drei Tage später ihre Nachfolgerin übernachtete. Dann ist wieder die Mutti gefragt, die ihr

Hühnersuppe kochen und sie trösten darf. Das tue ich natürlich gern, obwohl ich genau weiß, dass der nächste Bad Boy bereits eine Ecke weiter wartet.«

Ach, es ist so einfach, unsere Kinder zu lieben, und so verdammt schwer, sie wieder loszulassen! Zu begreifen, dass sie ihre Dinge selbst regeln müssen, vor allem wollen, dass es nicht mehr reicht, sie auf den Schoß zu nehmen und »Mami pustet dir das Aua weg« zu sagen. Das Aua bleibt, egal, wie stark wir pusten, und oft genug pusten wir auch gegen den Willen unserer Kinder. Wir leiden viel mehr unter ihren vermeintlichen Problemen als sie selbst. »Mein Sohn ist nach der Lehre nicht übernommen worden«, sagt eine Mutter. »Sechs Monate hat er sich online beworben, das macht man ja jetzt so, und hat noch nicht mal eine Antwort gekriegt. Er ist dann ganz entspannt für drei Monate nach Mallorca gegangen, hat dort seinen Surflehrer gemacht, während ich mir in Deutschland den Kopf zerbrochen habe, wie ich ihm helfen könnte. Im Moment ist er auf Formentera und ich habe nur eine vage Idee, was er dort macht. Aber wenn wir skypen, ist er immer gut drauf.«

Eingreifen oder laufen lassen?

Das Belastendste an den Sorgen und Problemen erwachsener Kinder ist unsere Angst, dass sie bleibt. Dass sie sich eben nicht wieder »verwächst«, dass die Wunde nicht verschorft. Dass der Sohn, der zwei Jahre nach dem Abitur noch immer »chillt«, zum Hartz-IV-Fall wird. Dass die Tochter mit den Liebesproblemen als alte, vertrocknete Jungfer ihr Singleleben fristet. Dass unsere über alles geliebten Kinder aus dem Raster fallen, weder beruflich noch privat das Glück finden, das wir uns so sehr für sie gewünscht haben. Und je älter unsere Kinder werden, desto stärker wird die Angst, und bang stellen wir uns die Fragen: Ist es zu spät? Was haben wir als Eltern falsch gemacht, dass unsere Kinder sich so entwickelt haben? Waren wir zu streng, zu fürsorglich, haben wir zu viel oder zu wenig erwartet?

### Oskar Holzberg, Psychologe

Wir als Eltern müssen uns von der »erwartenden« Elternliebe trennen. Wir müssen mit diesem »Entfremdungsgefühl« vorsichtig umgehen, das Gespräch suchen, keine Vorwürfe! Unser Kind ist erwachsen und trifft somit seine eigenen Entscheidungen. Am besten ist es, unser negatives Gefühl getrennt vom Kind zu verarbeiten, sich selbst zu fragen, warum wir ein Problem haben. Oft hat es nämlich nicht mit dem Kind, sondern mit Defiziten in uns selbst zu tun.

»Wenn meine Tochter ein Wochenende zu Besuch kommt, gibt es regelmäßig Stress«, sagt Ida, 62, aus Köln, deren Tochter Sabine, 39, in Berlin lebt. »Mein zweiter Mann versucht, so wenig wie möglich zu Hause zu sein, weil er sie kaum aushält. Sie stellt das Radio aus, weil sie meine Musik nicht erträgt. Den Fernseher ebenso. Dafür meditiert sie in unserem Gästezimmer – stundenlang. Sie ernährt sich vegan. Sie arbeitet nicht, lebt von einer kleinen Erbschaft, die ihr ihr Vater hinterlassen hat. Sie hat keine Interessen – außer Meditation und Yoga – und keine Ziele. Im Grunde kann ich sie nicht ertragen. Normalerweise würde ich Menschen wie sie gar nicht treffen wollen. Aber was soll ich machen? Sie ist meine Tochter.«

Wann lassen wir los und wie? Ganz oder nur ein bisschen?

## Maria, 58, eine Tochter, 19

»Ich habe nur dieses eine Kind, trotzdem war ich nie eine dieser Helikopter-Mütter, die ständig besorgt über ihrem Nachwuchs kreisen, im Gegenteil, ich bin berufstätig, habe zwar keinen Mann, dafür viele Freunde und Interessen. Gesche hat immer alle Freiheiten gehabt. Deshalb machte ich mir anfangs auch keine Sorgen, als sie im Winter vor sechs Jahren vor sich hinkränkelte, eine Grippe löste die nächste ab, es wurde einfach nicht besser. Wird schon wieder, dachte ich, wenn erst der Frühling kommt … Aber es wurde nicht. Und dann schlug unsere Hausärztin vor, Gesches Blutzuckerspiegel zu messen. Ihren Anruf werde ich nie vergessen. ›Ihre Tochter hat Diabetes Typ 1‹, sagte sie. ›Das ist eine Autoimmunkrankheit, die bis jetzt nicht heilbar ist. Sie hat so schlechte Werte, dass sie sofort ins Krankenhaus muss, sonst besteht die Gefahr, dass sie ins Koma fällt.‹ Ich kann nicht beschreiben, was bei diesen Worten in mir vorging. Ein Gefühl, als wenn man ohne Vorwarnung einen dunklen Schacht hinuntergestoßen wird. Bis dahin hatte ich keine Ahnung, was Diabetes ist, ich hielt es für eine Alte-Leute-Krankheit. Aber es war meine zwölfjährige Tochter, die es getroffen hatte und die zwei Stunden später klein und blass auf dem Bett der Kinderabteilung unseres Kreiskrankenhauses saß. Ihr Blutzuckerwert lag bei 860, 80 bis 120 ist normal, bei 1000 stirbt man, es war wirklich dramatisch.

Von diesem Anruf an änderte sich unser Leben komplett, nichts blieb, wie es war, Gesches Krankheit dominierte – und sie dominiert alles. ›Ihre Tochter wird erst entlassen, wenn Sie beide alles über diese Krankheit wissen‹, sagten die Ärzte, aber Gesche wollte meine Hilfe nicht. ›Ich will mich selber spritzen‹, sagte sie ganz ruhig. Sie war viel stärker als ich, das blieb sie auch und hat es mir damit so leicht wie möglich gemacht. Denn leicht war es nicht, woran sich mein kleiner Spatz gewöhnen musste.

Sieben- bis achtmal pro Tag musste sie sich spritzen, vorher in die Fingerkuppen stechen. In den ersten Jahren durfte sie so gut wie keine Kohlehydrate und Zucker essen, also all das, was ihr schmeckte: kein Brot, keine Pasta, kein Kuchen. Das hat sich zum Glück geändert, das heutige Insulin erlaubt alles – in Maßen natürlich. Trotzdem mussten wir beide uns an ein superdiszipliniertes Leben gewöhnen. Vor der Diabetes-Erkrankung haben wir gern ein bisschen herumgeschlampt. Am Wochenende bis mittags geschlafen, dann im Bett gefrühstückt, auch regelmäßige Mahlzeiten kannten wir nicht, wir waren ja nur zu zweit. Vorbei. Anfangs musste Gesche spätestens zwanzig Minuten nach dem Spritzen etwas essen, sonst wäre sie ins Koma gefallen. Beim ersten Anzeichen von Unterzuckerung – kalter Schweiß, Gereiztheit – muss Gesche sofort ›schnellen‹ Zucker zu sich nehmen, am besten ist eine Cola.

Einen Port wollte meine Tochter nie, weil man den von außen sieht, sie hat überhaupt ein sehr selbstbewusstes Verhältnis zu ihrer Krankheit. Jede Emotion, ob positiv oder negativ, jede Krankheit bringt Gesches Insulinhaushalt durcheinander, zum Beispiel ein Orgasmus, was ich ganz besonders traurig finde, weil ich selbst in ihrem Alter meine Sexualität so genossen habe. Es ist kein Thema, über das ich mit meiner Tochter rede, aber es ist mein geheimer Kummer.

Es war sehr schwierig, meine Tochter durch die Pubertät zu begleiten, weil es ja eigentlich eine Zeit des Loslassens, des Erwachsenwerdens ist. Aber wie lässt man ein Kind los, das mit sechzehn Party machen und über die Stränge schlagen will, wenn man weiß, welche potenziellen Folgeschäden – Nierenversagen, Erblindung – das haben kann? Würde Gesche jetzt schwanger werden, müsste sie abtreiben, weil ihr Kind vermutlich behindert sein und sie die Schwangerschaft nicht überleben würde. Wenn sie sich in der Damentoilette eines Restaurants eine Spritze setzt, halten die Leute sie für drogensüchtig. Ihre Fingerkuppen sind total verhornt, ihr Körper wegen der Spritzerei übersät mit blauen Flecken. Sie hat einen Schwerbehindertenausweis, aber sie benutzt ihn nicht. Sie will nicht anders sein als ihre Freunde.

Ich bin sehr stolz auf meine Tochter, obwohl ich ständig in Sorge bin. Meine Gefühle für sie sind so tief, dass sie manchmal fast nicht auszuhalten sind. Die Frage ›Warum ausgerechnet sie?‹ stelle ich mir längst nicht mehr, weil es darauf keine Antwort gibt. Aber dafür gibt es eine Neunzehnjährige, die auf ihrer Abiturfeier zur Miss Sunshine gewählt wurde. Das soll ihr erst mal jemand nachmachen.«

Der Moment, als Frau Bersedorf ihren Sohn Ulrich nach 38 Jahren zum ersten Mal wiedersah, seit sie ihn damals im Wickelraum vom Ostbahnhof vergessen hatte

# »Hilfe, die Welt meiner Kinder ist mir total fremd!« – Wenn unsere Kinder uns entwachsen

Es ist ein Naturgesetz, aber eines, mit dem wir nicht gerechnet haben. Wenn Kinder groß sind, entwachsen sie uns. Brauchen uns weniger, als wir sie brauchen. Rufen uns nicht dreimal am Tag an, erzählen uns nicht mehr alles. Da müssen wir einfach durch, was uns jedoch sehr schwerfällt. War es nicht erst gestern, als wir »Wer kommt in meine AAARME!« riefen und sie kreischend auf uns zuliefen? Als ihre kleine Patschhand sich wie selbstverständlich in unsere schmiegte, wenn wir über die Straße gingen?

Wunderbare vergangene Welt, die erste Risse bekommt, wenn unsere Kinder in der Pubertät sind und in einem Maß auf Eigenleben und Selbstständigkeit pochen, das uns verschreckt und oft überfordert. Wir warten vor dem Fernseher mit Schnittchen, sie surfen im Internet, chatten, twittern, sind in einer Welt, in der wir nicht länger erwünscht sind. Und je inniger die Zeit vor der Pubertät war, desto grausamer ist die Zeit danach. »Meine Tochter und ich waren ein Herz und eine Seele«, erinnert sich eine Mutter wehmütig. »Und dann kam Weihnachten. Sie war gerade sechzehn geworden, wir packten die Geschenke aus, ich holte gerade den Braten aus dem Ofen und sie sagte: ›Ich geh jetzt feiern. Macht ihr mal ohne mich weiter.‹ Weg war sie. Das war der Anfang vom Ende.«

Stimmt. Die Pubertät ist das Ende der Kindheit, ein Abschied auf Raten. Zwei Welten entstehen da, wo vorher eine war. Und je mehr diese von unseren Kindern bestimmt war, je weniger wir allein oder mit unserem Partner gemacht haben, desto schwerer fällt es uns jetzt, sie ziehen zu lassen. Aber das müssen wir, und zwar meistens dann, wenn sie wie Phönix aus der Asche ihrem Pubertätshorror entstiegen sind, wenn aus ihnen wieder nette, sozial verträgliche Menschen geworden sind. Und tschüss!

## Vorsorge ist besser als Nachjammern

Es geht jetzt genau den Eltern besser, die vorher leichte Schuldgefühle hatten. Weil sie in der Kleinkindphase ihren Nachwuchs öfter als andere bei ihren Eltern parkten, zu zweit verreisten, ihr Leben auch ohne ständige Kinderbegleitung weiterführten und genossen. »Wenn eine gute Mutter ihre Kinder mehr liebt als alles andere, bin ich keine gute Mutter. (…) Ich liebe meinen Mann mehr als meine Kinder«, hat die amerikanische Journalistin Ayelet Waldman in der *New York Times* zugegeben und wütende Proteste, besonders bei Müttern, damit ausgelöst. Aber ist das nicht im Grunde eine sehr gesunde Einstellung? Vielleicht hätte sie sich geschickter ausdrücken und sagen sollen: Ich liebe meinen Mann ANDERS, dann hätte sie nicht tonnenweise giftige E-Mails bekommen. Wenn Sie jedoch zu den Müttern gehören, die der Gedanke, nach dem Auszug der Kinder mit Ihrem Mann ALLEIN in der LEEREN Wohnung zurückzubleiben, vor Panik die Luft abschnürt, dann haben Sie etwas falsch gemacht.

Kinder sind eine Leihgabe und kein Besitz. Das können wir uns gar nicht früh genug vor Augen halten. Wurzeln und vor allem Flügel wollen wir ihnen mitgeben, keine Fesseln!

Also sorgen wir vor, indem wir uns, bevor sie endgültig ausziehen, das Leben auch ohne sie so schön wie möglich machen. Sie ruhig öfter mal allein lassen. Haben wir sie nicht auch von Herzen genossen, die sturmfreie Bude, als wir zehn und zwölf Jahre alt waren? Dann war hemmungsloses Fernsehen mit Erdnussflips und Cola angesagt. Brauchten wir damals einen Babysitter? Haben unsere Eltern ständig angerufen, ob auch alles in Ordnung sei? Anders sieht die Sache natürlich jenseits der Geschlechtsreife aus, wenn Alkohol und Schlimmeres im Spiel sind.

Kinder sind eine Leihgabe und kein Besitz.

Kleine Zwischenbemerkung: Erlauben Sie Ihren Kindern im Alter von fünfzehn bis fünfundzwanzig unter keinen Umständen, ohne Ihre Anwesenheit in Ihrer Wohnung zu feiern! Wir haben damit die schlimmsten Erfahrungen gemacht. Diese Regel gilt im Übrigen für alle Lebensphasen.

Egal, wie innig die Beziehung zu Ihrem Kind ist, es kommt der Moment, da fällt die Tür ins Schloss, da erleben Sie keinen gemeinsamen Alltag mehr. Es sei denn, Ihr Kind kommt zu Besuch, beispielsweise in den Semesterferien, und Ihnen widerfahren dann, in leichter Abwandlung, die zehn Stufen des Abschieds der Sterbeforscherin Elisabeth Kübler-Ross:

1. Überwältigende Wiedersehensfreude
2. Pläneschmieden, was man alles gemeinsam machen könnte: Mahlzeiten, Oma besuchen, Stadtbummel, gemütlich plaudern
3. Leichte Irritation, dass unser Kind sofort wieder in seine alten Gewohnheiten schlüpft, sein Zimmer zumüllt, mit Freunden Party macht, bei Sonnenaufgang nach Hause kommt, zum Sonnenuntergang aufsteht
4. Vergebliche Versuche, mit dem Kind gemeinsam zu frühstücken oder aber ein paar andere Dinge von Punkt 2 zu realisieren

5. Heimliche Tränen oder laute Wutausbrüche – je nach Temperament; von beidem kriegt das Kind nichts mit, weil es entweder nicht da ist oder schläft
6. Latente Genervtheit darüber, dass man noch immer Hotel Mama ist
7. Nochmaliger Versuch, etwas zusammen zu unternehmen. Kind lässt sich zu einer gemeinsamen Aktivität (Shopping) herab, Mami ist glücklich
8. Abschiedsschmerz
9. Erleichterung nach einer mehrstündigen Putzaktion, seine Wohnung wiederzuerkennen
10. Sehnsucht nach dem Kind, aber eine deutlich abgeschwächte

## Sind begluckte Kinder beglückte Kinder?

So ist nun mal der Lauf der Welt. Früher stiegen wir in den Zug und fuhren ins Leben und unsere Eltern winkten uns vom Bahnsteig aus nach, jetzt stehen wir dort und schniefen ins Taschentuch. Gerade diejenigen unter uns, die nach der Schule ein Jahr durch Europa trampten und ihren alten, spießigen Eltern nicht mal eine Postkarte schickten.

Tja, das ist nun die Strafe! Jetzt können wir zwar Handy-Stalking bei unseren Kindern machen, aber damit holen wir sie nicht zurück. Im Gegenteil, je mehr wir es versuchen, desto öfter sind sie im »Funkloch«, dem einzigen Gegenmittel, das Kindern übrig bleibt, deren Eltern am »Überstülpungssyndrom« leiden. Denn das ist die bittere Ironie, wir sind tief enttäuscht, wenn unsere Kinder sich haargenau so verhalten wie wir früher, wenn sie nicht täglich bei uns anrufen oder auf Vorschläge wie »Lass uns doch mal wieder zusammen in ein schönes Ferienhaus nach Dänemark fahren« nur verhalten reagieren.

»Du lässt dich zur Yogalehrerin ausbilden?«, fragte Bea, 61, ihre Tochter, 35, entgeistert. »Wieso weiß ich das nicht?« –

»Weil es dich nicht betrifft, Mami«, erwiderte die Tochter. »Ich hab das mit meinen Freundinnen besprochen, die verstehen einfach mehr davon.«

Begluckte Kinder sind beglückte Kinder, sagt eine Mutter, aber stimmt das auch, wenn sie älter sind? Locker machen, sagen unsere Kinder, aber was genau bedeutet das eigentlich? Wie gehe ich damit um, wenn mein Kind weniger Kontakt haben möchte als ich?

**Oskar Holzberg, Psychologe**

Wenn das Kind weniger Kontakt möchte, muss ich das anerkennen und mein eigenes Leben füllen. Keine Vorwürfe, keine Anklagen, sonst zieht sich das Kind nur noch mehr zurück. Manchmal hilft eine Paartherapie. Ich habe kürzlich eine Mutter mit ihrer Tochter behandelt, drei Sitzungen nur, da hat sich der Knoten bereits gelöst.

»Ich will meiner Tochter nicht auf die Nerven gehen«, seufzt eine Mutter. »Schließlich ist sie über dreißig, also längst erwachsen. Wenn es nach mir ginge, würde ich gern einmal am Tag mit ihr telefonieren, nur mal hören, was sie so macht. Aber wenn sie dann ›Ja, Mama, was gibt's?‹ in den Hörer seufzt, dann fühle ich mich wie ein lästiger Verehrer. Obwohl ich ihre Mutter bin. Oder vielleicht gerade deshalb.«

## Wenn einem sich das Kind entzieht

Das sind die Sätze, vor denen wir am meisten Angst haben, sie auszusprechen, zieht uns Eltern in ein tiefes, schwarzes Loch. Mein Kind entzieht sich mir. Es ist mir fremd geworden. Es verkehrt in Kreisen, in denen ich mich fehl am Platze fühle. Unsere Tochter wohnt mit ihrem Mann in einer

Villa, während wir noch immer unser Reihenendhaus abzahlen. Unseren Sohn sehen wir nur selten, er fliegt beruflich ständig in der Welt herum. Oder ist zum Horror seiner Bildungsbürgereltern in einer Motorradgang. Wenn wir deswegen in Trübsal versinken, hilft vielleicht auch hier der Blick zurück.

Haben wir, nachdem wir von zu Hause ausgezogen sind, ständig angerufen, außer, wir brauchten Geld oder unsere Waschmaschine war kaputt? Haben wir überhaupt einen Gedanken daran verschwendet, wie sich unsere Eltern fühlten, als wir in jungen, wilden Jahren wirklich nichts ausließen, worüber wir heute, wenn es unsere Kinder täten, ausrasten würden? Unsere Eltern haben unseren Abnabelungsprozess viel gelassener genommen als wir. »Ich bin nach dem Abi ein Jahr durch Europa getrampt«, erinnert sich Steffi, 49, »einfach tschüss und weg. Wenn mein Sohn das täte, müsste er jeden Tag mit mir skypen, damit ich immer weiß, dass es ihm auch gut geht.«

Es ist schon merkwürdig – gerade wir, die sich nach dem Motto »frei sein, high sein, überall dabei sein« verwirklicht haben, können unsere Kinder so schwer loslassen. »Kinder sind uns geliehen«, mahnt der Hamburger Psychologe Oskar Holzberg, »sie sind nicht unsere Partner.« Und genau das sehen wir anders. Sind wir nicht die coolsten Eltern, die je mit ihrem peinlich berührten Nachwuchs und seinen Freunden gechillt, vielleicht sogar gekifft haben? Dürfen unsere halb erwachsenen Kinder nicht Wand an Wand mit uns … SEX haben? Wir sind doch genau die Eltern gewesen, die wir uns früher gewünscht haben. Das mag sein, trotzdem sind wir Eltern. Die, als unsere Kinder noch klein und niedlich und wir für sie die Allergrößten waren, eine Beziehung zu ihnen hatten, die idealerweise sehr nah und zugewandt gewesen ist. Wenn Kinder größer sind, kann diese jedoch in eine von den Eltern zwar gewollte, das Kind allerdings oft einengende Symbiose ausarten.

Unsere Eltern haben unseren Abnabelungsprozess viel gelassener genommen als wir.

Wollen wir unsere Kinder einengen? Wollen wir Eltern sein, deren Kinder »Oh Gott, schon wieder zwei Wochen um, ich muss die Alten dringend mal wieder anrufen« seufzen, die am elterlichen Kaffeetisch heimlich ihre Handy-Messages checken, die Pflichtbesuche bei uns absolvieren? Natürlich nicht, aber wenn schon nicht länger erziehungsberechtigt, wollen wir zumindest daseinsberechtigt bleiben.

Wir haben viel investiert – Liebe, Zeit, Geld, Geduld. Ist es da zu viel verlangt, wenn sich diese Investition auch lohnen soll? So viel Liebe haben unsere Kinder von uns gefordert, als sie klein waren, und wir haben sie ihnen gern gegeben. Wohin damit, jetzt, da sie älter sind, und ihnen diese Liebe im besten Fall selbstverständlich, im schlimmsten ein bisschen lästig ist? Wie bleiben wir zugewandt und fürsorglich, ohne aufdringlich zu wirken? Ein filigraner Balanceakt, bei dem uns nur unser Bauchgefühl weiterhelfen kann. Im Zweifel gilt das Sprichwort: »Weniger wäre mehr gewesen!« »Man darf seine Kinder nicht wie verrückt lieben. Man muss sie mit Vernunft lieben«, sagt die Schauspielerin Isabelle Huppert in einem *ZEIT*-Interview, »(…) daran muss man wirklich arbeiten, sonst droht die Katastrophe; in der Mutter-Kind-Beziehung existiert eine offene Tür, hinter der diese abartige und wahnsinnige Sache lauert.« Vielleicht sollten wir uns an diesen klugen Sätzen orientieren – obwohl Isabelle Huppert eine Französin ist.

## Die Tyrannei der Intimität

Früher dachten wir, unser Kind wird Polarforscher, Kinderkardiologe in Amerika, es rettet den Regenwald oder findet zumindest ein Mittel gegen Haarausfall. Das war die Zeit, als wir noch glaubten, dass Kinder immer nur glücklich machen würden. Dass es biologisch geradezu unmöglich wäre, sie anstrengend oder anmaßend zu finden. Aber jetzt, da wir und unsere Kinder so langsam, aber sicher in die Jahre kommen, hätten wir am liebsten genau das Kind, das wir in jüngeren Jahren eher mitleidig belächelt hätten: ein häusliches Wesen, das sonntags gern mit uns Braten isst, Grundschullehrerin oder Bankangestellter werden möchte. Auf jeden Fall finanziell so stabil, dass die Enkelkinder geboren werden, bevor wir im Gehwagen zum Spielplatz schlurfen. Aber den Gefallen tun sie uns leider nicht. Im Gegenteil, sie sind heute in London, morgen in Rio, sie haben Jahresverträge, die oft nicht verlängert werden, und Berufe, die wir nicht mehr verstehen. »Was macht denn die Susanne jetzt so?« – »Irgendwas mit Medien.« Oder wissen Sie ganz spontan, was ein »Suchmaschinenoptimierer« so macht? Na also.

Stopp! Schluss mit dem Selbstmitleid!

Auch der Psychologe Oskar Holzberg forderte in einem Interview für *Brigitte woman*, dass Eltern mit dieser »Tyrannei der Intimität« aufhören müssen. »Diesen viel zu großen Kinderkult, die oft panische Überbewertung jeder Eigenbewegung. Die daraus resultiert, dass fatalerweise nur eine enge Beziehung zu unseren Kindern als gut gelebtes, verwirklichtes Leben gilt.« Genau so verhalten wir uns nämlich. Wir schämen uns, wenn die Beziehung zu unseren Kindern nicht so eng ist, wie wir es gern hätten. Wir beneiden Freunde und Verwandte, bei denen es scheinbar anders ist.

»Meine Schwester hat drei Kinder, die alle in der Nachbarschaft wohnen, jeden Sonntag gibt es ein Familienessen bei ihr, einmal im Jahr zelten alle an der Ostsee«, seufzt Nathalie, 48, wehmütig, ein Sohn, 25. »Ich beneide sie glühend. Mein Sohn studiert in England und ruft höchstens alle sechs Wochen mal bei mir an. Und wenn ich mich dann darüber beschwere, sagt er nur: ›Wieso soll ich anrufen? Ist doch nichts Wichtiges.‹«

Klar ist es am schönsten, wenn unsere Kinder nach Abschluss unserer Erziehungsarbeit die gleichen, zumindest ähnliche Ideale haben wie wir. Weil es uns bestätigt und beruhigt. Viel schwerer auszuhalten ist das, was Psychologen »Ambivalenztoleranz« nennen, Gelassenheit nämlich, wenn sie sich in Berufs- und Partnerwahl völlig anders entwickeln, als wir es ihnen vorgelebt haben. Was habe ich bloß falsch gemacht?, denken wir verzweifelt, wenn unser Sohn mit Ende dreißig noch in einer WG wohnt und es nie länger als sechs Monate in einem Job oder mit einer Frau aushält? Wenn unsere Tochter Nonne wird, einen Tätowiersalon aufmacht oder einen Mann mit drei Exfrauen, fünf Kindern und einem Offenbarungseid heiratet? Doch am allermeisten schmerzt es, wenn sich unsere Kinder in ihren Schwiegerfamilien wohler fühlen als bei uns.

»Ich befinde mich in Dauerkonkurrenz zur Schwiegerfamilie meines Sohnes«, seufzt eine Mutter. »Sie haben eine tolle Finca auf Mallorca, feiern viel und sind auch sonst ein ganz enger Clan, in dem er sich total wohlfühlt. Besonders, weil er als Einzelkind einer Singlemutter so etwas nie erlebt hat. Wenn ich dort eingeladen bin, komme ich mir immer vor wie ein altes Aschenputtel.«

Stopp! Schluss mit dem Selbstmitleid! Wir müssen endlich aufhören, unsere Kinder als allein selig machende Glücksgaranten zu sehen. Es gibt ein Leben vor und eines nach den Kindern, besinnen wir uns endlich darauf. Lauern wir nicht mehr auf Anrufe, E-Mails, SMS-Nachrichten, sondern leben wir ihnen vor, wie schön das Leben auch ohne sie ist. Und überlegen wir einmal in aller Ruhe, warum wir diese albernen Ängste vor Entfremdung haben. Vielleicht sind unsere Ideale falsch. Auch hier hilft wieder der Blick zurück. Hatten wir unsere Eltern

Vielleicht sind unsere Ideale falsch. Auch hier hilft wieder der Blick zurück. Hatten wir unsere Eltern weniger lieb, nur weil wir nicht ständig auf der Matte standen?

weniger lieb, nur weil wir nicht ständig auf der Matte standen? Und wie heißt es noch mal in dem wunderschönen Lied von Sting: »If you love somebody set them free.« Dem ist nichts hinzuzufügen.

## Karin, 58, drei Söhne, 31, 33 und 36, eine Tochter, 28

»Leonie war ein wunderschönes, bezauberndes kleines Mädchen. Genau so, wie ich mir eine Tochter gewünscht und vorgestellt hatte, so war sie. Nach drei Jungen war ich hin und weg, so eine süße Tochter zu haben. Sie wickelte jeden Menschen in ihrer Umgebung um den Finger. Ich war sehr glücklich, dass ich ihr so ein gesundes, anregendes, entwicklungsförderndes, buntes Aufwachsmilieu bieten konnte, mit drei großen Brüdern, vielen Tieren, einem alten Bauernhaus, einer Mutter, die viel Zeit für sie hatte, und einem Vater, der sie auf Händen trug.

Leonie war immer aktiv, sie hatte viele Interessen, viele Freunde, sie war gut in der Schule, fröhlich, freundlich und machte uns keinerlei Kummer. Sie war ein kleines Girlie, war sehr mädchenhaft, trug gern Bonbonfarben, spielte mit Barbies, ging ins Ballett.

Mit zehn Jahren wurde sie quasi über Nacht zur Vegetarierin. Was bei vier Fleisch essenden Männern am Tisch nicht immer einfach war. Aber sie ließ sich nicht beirren, ging entschlossen ihren Weg. Sie zeigte keinen Missionseifer, es war ihr egal, was die anderen taten. Nur für sich selbst hatte sie eine Entscheidung getroffen und dazu stand sie. Kurz darauf streifte sie ihr Girlie-Image ab. Sie trug jetzt Tarnfarben und zeigte auch, zu meiner größten Besorgnis, andere Zeichen von Körperfeindlichkeit. Sie trug zum Beispiel im Hochsommer dicke, langärmelige Wollpullover, zeigte nie Haut, wollte nicht mehr ins Schwimmbad, weil sie keinen Badeanzug mehr anziehen wollte und so weiter. Was dahintersteckte, war nicht zu ergründen. Dann trat sie der Tierrechtsorganisation PETA bei, teilte ihr Zimmer mit Ratten und Mäusen, die sie in großen selbst gebauten Gehegen hielt.

Sie feierte gern, trank viel zu viel Alkohol und zog sich dann wieder in ihre Räuberhöhle zurück. Sie stellte auch alle sportlichen Aktivitäten ein, wurde von ihrer Umgebung immer weniger verstanden. Sie gewährte auch kaum jemandem Zugang zu ihrer Gedanken- und Gefühlswelt. Und im Gegensatz zu ihren großen

Brüdern war sie völlig frei von materiellen Bedürfnissen, Geld war ihr einfach nicht wichtig.

Unser Verhältnis war zu keinem Zeitpunkt feindselig, oft sogar ausgesprochen innig. Aber ich verstand sie nicht, konnte keinen Zugang zu ihrer Gefühlswelt bekommen. Ich wollte so gern, dass sie wieder mein kleines, süßes Mädchen ist, jetzt schien mir alles so schwierig, so unverständlich, so verkehrt. Ich hatte das Gefühl, dass sie sich ihr Leben unnötig schwer machen würde, und fand einfach keine Erklärung, die diese Entwicklung für mich nachvollziehbar gemacht hätte. Der Stolz und die Freude, die ich früher empfand, verwandelten sich immer mehr in Sorge, aber auch Ungeduld und Unverständnis. Ich wünschte, diese schwierigen Zeiten irgendwie auszusitzen, in der Hoffnung, dass sich der ›gesunde Kern‹, von dem ich ja wusste, dass er da war, irgendwann wieder Bahn brechen würde.

Ich bewundere Leonie dafür, wie sie sich für das einsetzt, was ihr wichtig ist, und für ihre materielle Unabhängigkeit. Sie hat eine unglaublich schnelle Auffassungsgabe, viel Wortwitz, viel technischen Verstand und ein großes Herz für Tiere. Sie bringt mich oft zum Lachen, zum Schmunzeln, zum Nachdenken. Weniger mag ich ihr Phlegma, ihre Menschenscheu, ihre sozial unverträgliche Lebensweise, ihre extreme Empfindlichkeit, ihre schwankenden Gefühlsverfassungen. Im Moment studiert sie Pädagogik. Sie lebt mit zwei Kaninchen und einem dicken Kater in einer Wohngemeinschaft, die mich manchmal an eine Messiewohnung aus einer Fernsehserie erinnert. Sie ist jetzt achtundzwanzig, ein Mann und eine feste Lebensplanung sind nicht in Sicht.

Unser Kontakt ist geprägt vom ständigen Auf und Ab. Mal pausenlos und intensiv, dann wieder Irritationen und Funkstille. Dieses Wechselbad zerrt an meinen Nerven, ich weiß nie so recht, woran ich bin und auf was ich mich einstellen kann. Auch würde ich mir wünschen, dass sie mehr Anteil an meinem Leben nimmt. Ich hoffe für sie, dass sie das Leben lebt, das für sie richtig ist, das sie glücklich macht. Sie erweckt bei mir aber den Eindruck, dass sie nicht glücklich ist, also läuft irgendwas verkehrt.

Sich als Mutter selbst zu beurteilen, ist sehr schwierig. Ich kann ehrlichen Herzens behaupten, dass ich mein Bestes gegeben habe. Aber ich bezweifle, dass das ausreichend war. Vielleicht hätte gerade sie etwas ganz anderes gebraucht und ich habe es nur nicht wahrgenommen. Vielleicht bin ich einfach von mir selbst ausgegangen und habe ihr das gegeben, wovon ich meinte, dass es wichtig sei, weil es eben für mich wichtig war und ist. Gespräche mit ihr über dieses Thema bringen nicht viel, das habe ich schon festgestellt. Abschließend möchte ich noch sagen, dass ich froh bin, dass ich, als die Welt für mich noch in Ordnung und Leonie ein süßes, kleines Mädchen war, nicht wusste, wie dauerhaft kräftezehrend und aufreibend es ist, eine Tochter zu haben. Ich liebe sie von ganzem Herzen, aber sie verlangt mir auch sehr viel ab.«

MARTIN FÄHRT IHN JEDEN MORGEN NACH CHINA, UND HOLT IHN ABENDS NACH DEM UNTERRICHT WIEDER AB.
TIL

# »Ich war immer eine entspannte Mutter, warum ist meine Tochter so eine Glucke?« – Wenn aus Kindern Eltern werden

»Überraschung, ihr werdet Großeltern!« Kaum ein Satz kann so widersprüchliche Gefühle in uns auslösen wie dieser. Entsetzen, wenn unsere Tochter oder unser Sohn noch Eierschalen hinter den Ohren und keine abgeschlossene Ausbildung, geschweige denn einen Arbeitsplatz haben. Denn dann bedeutet diese Ankündigung für uns Eltern, die wir uns gerade auf die entspannte »Endlich keine Teeniekatastrophen mehr!«-Phase eingestellt und die leer geräumten Kinderzimmer als Arbeits-Gäste-Bügelzimmer umgestaltet haben: Zurück, marsch, marsch! In die Kinderchaoswelt von gestern! Weil die zukünftige Mami vermutlich mit Babybauch wieder bei Omi und Opi ante portas steht und eine Welt zurückholt, die diese vor Jahren bereits verlassen haben. Stichwort: kurze Nächte, volle Windeln, kleine Kinderhände, die alles kaputt machen – das ganze Programm.

»Diesen Moment werde ich nie vergessen«, erinnert sich eine Mutter, die nicht genannt werden möchte. »Mein Mann und ich hatten gerade unser Wohnmobil vollgepackt, weil wir zwei Monate durch Europa reisen wollten. Da rief unsere

Tochter heulend an. Schwanger! Mit achtzehn! Und zwar schon im fünften Monat! Sie hatte so lange überlegt, ob sie abtreiben sollte. Der dazugehörige Vater, ein Student im ersten Semester, war natürlich nicht begeistert, seine Eltern noch weniger. Das Ganze war ein Riesenchaos, und zwar bis zur Geburt, die vierundzwanzig Stunden dauerte. Inzwischen lebt unsere Tochter, die gerade eine Ausbildung zur Altenpflegerin angefangen hat, mit unserem Enkel wieder bei uns, sein Vater studiert am anderen Ende Deutschlands und besucht ihn in den Semesterferien. Raten Sie mal, wer die nächsten Jahre zum Nulltarif ihr Kind versorgt? Natürlich lieben wir es über alles, aber ehrlich gesagt wäre ich jetzt lieber mit meinem Mann in Südfrankreich als mit meinem Enkel beim Babyschwimmen.«

## Gemischte Gefühle

Eindeutig zu früh, das Oma-Opa-Glück, finden diese leicht überforderten Großeltern. Aber in diesem Szenario steht wenigstens ein kleines Enkelkind mit leuchtenden Augen vor dem Weihnachtsbaum und sorgt rechtzeitig dafür, dass die Familie nicht ausstirbt, das ist immerhin ein Trost. Denn nichts ist deprimierender als Familienfeste, bei dem die Mitglieder ein Durchschnittsalter von fünfzig plus haben, weil nichts Junges mehr nachwächst. »Früher, als meine Kinder und die meiner beiden Schwestern noch klein waren, da war mir der Trubel oft zu viel«, sagt Irene, 71. »Aber jetzt geht es nicht weiter. Wir haben insgesamt fünf Kinder im Alter von neununddreißig bis einundfünfzig, keins davon hat selber welche. Es ist so still geworden bei uns, richtig deprimierend.« Gemischte Gefühle also, wenn es um die Kinderfrage unserer Kinder geht. Das Schlimme daran? Wir können absolut nichts ändern. Wann und ob wir überhaupt jemals Großeltern werden, bestimmen sie. Finden wir uns also rechtzeitig damit ab.

Es macht uns logischerweise unruhig, wenn wir auf die sechzig zugehen, alle Freunde verzückt die Enkelbilder zücken, nur wir stehen mit leeren Händen und traurigem Herzen da. Wir würden so gern … man lässt uns nicht. »Ich habe meiner Tochter und ihrem Mann eine Eigentumswohnung versprochen, wenn sie endlich schwanger wird«, sagt ein Vater. »Bis jetzt ist nichts passiert. Als sie kürzlich bei uns war, hat sie immer das Fenster aufgerissen, obwohl es nicht überheizt war. Ob das schon die Wechseljahre sind, habe ich meine Frau gefragt. Immerhin ist unsere Tochter Anfang vierzig.«

»Ich habe meiner Tochter und ihrem Mann eine Eigentumswohnung versprochen, wenn sie endlich schwanger wird.«

Auch Söhne können Kummer machen, wenn sie voll auf dem Karrieretrip sind und ihre Beziehungen so oft wechseln, dass wir uns die Vornamen schon nicht mehr merken können. Noch Amelie oder bereits Britta? Sorry, Brigitte, Britta war ja die vor zwei Jahren. Die wir so mochten. Und dann war sie plötzlich weg. Warum? »Mischt euch da bitte nicht ein.«

Gemischte Gefühle auch deshalb, weil wir manchmal schon während der Schwangerschaft ahnen, dass wir unser Enkelkind nicht oft zu Gesicht bekommen werden. Weil die Mami Australierin ist und wieder zu ihrer Familie zurück möchte. Oder der Papi ständig neue Auslandsjobs hat. Oder zwar Papi ist, aber die dazugehörige Mami nichts mit ihm zu tun haben will, so wie Anne, 48, ein Sohn, es erleben musste. »Ich bin die Oma eines entzückenden kleinen Jungen, der gerade vier geworden ist«, seufzt sie. »Leider hat mein idiotischer Sohn die Mutter bereits während der Schwangerschaft betrogen, weshalb sie jeglichen Kontakt zu ihm abgebrochen hat. Er zahlt zwar den Höchstsatz an Unterhalt, aber die beiden haben sich darauf geeinigt, dass er keinen Kontakt zu seinem Sohn hat, den hat nämlich ihr neuer Lebensgefährte.«

## Enkel – das zweitschönste Wort mit fünf Buchstaben

Doch es kann auch alles ganz normal und friedlich verlaufen. Unsere Kinder haben ein kindkompatibles Alter und zuverlässige Partner, Geld ist kein Thema, zumindest kein stressiges, sie wohnen nicht so weit weg, sodass uns jedes Flugticket ein kleines Vermögen kostet, aber auch nicht so nah, sodass uns ständig mit einem »Seid ihr bitte mal so nett?« ein schreiendes, windeltropfendes Kleinkind, das wir dann eine Woche lang betreuen dürfen, über die Türschwelle geschoben wird.

Enkel – nach »Liebe« doch eigentlich das schönste Wort mit fünf Buchstaben. Denn gibt es etwas, das so zuverlässig gute Laune macht wie die Zauberwelt von kleinen Kindern, die wir seinerzeit bei unseren eigenen so ungern verlassen haben? Und außerdem kann man die Kleinen, was auch zum Großelternglück gehört, wieder abgeben, wenn es einem zu viel wird.

»Vorsicht, lass sie nicht fallen!«

Wenn also alle Koordinaten stimmen, was kann da noch schiefgehen? Leider so einiges, und zwar ganz besonders, wenn Mütter Omas werden. Weil sie, wenn sie kindertechnisch in die zweite Reihe treten, oft einen Kardinalfehler machen. Sie vergessen, dass nicht sie die MÜTTER, sondern die GROSSMÜTTER sind. Und die Kinder, die sie mit so viel Liebe, pädagogischem Geschick und manchmal Ungeschick großgezogen haben, oft eine völlig andere Vorstellung von Erziehung haben als sie. Das auszuhalten, ohne einzugreifen, ist manchmal unmöglich. So geht es Marianne, 52, einer »späten Hippiemutter« (Selbstauskunft), die sich als Schwangere vom Kindsvater trennte, eine heiße Affäre anfing und auch später die Dinge des Lebens locker sah. »Ich bin kein ängstlicher Typ, meine Tochter Mia hatte immer alle Freiheiten«, sagt sie. »Auch als Kleinkind durfte sie bestimmen, was sie anzog und wann sie ins Bett ging. Mit acht hat sie zum ersten Mal die U-Bahn benutzt, mit zehn ist sie zum ersten Mal allein zu ihrer Oma nach Mallorca geflogen. Mit fünfzehn hatte sie den ersten Freund. Direkt nach dem Abitur ist sie ausgezogen, was ich gut und richtig fand. Tja, und jetzt ist sie Mutter und ich erkenne meine Tochter nicht wieder. Ich war immer eine entspannte Mutter, warum ist meine Tochter so eine überängstliche Glucke?« Seit einem Jahr ist sie Großmutter der kleinen Navia, aber jedes Mal, wenn sie die Kleine in den Arm nehmen will, ruft ihre Tochter: »Vorsicht, lass sie nicht fallen!« Übernachtungsbesuche bei Oma? Gar nicht dran zu denken! »Du kennst dich doch mit Babys gar nicht mehr aus«, wehrt die Tochter ab. Bei jedem Windzug, auch im Sommer, wird Navia zum dicken Bündel geschnürt, bei jedem kleinsten Schnaufer der Kinderarzt bemüht. »Ich fürchte, meine Tochter hält mich für einen potenziell gefährlichen Einfluss«, sagt Marianne. »Ich halte Mia, ehrlich gesagt, für ein bisschen durchgeknallt, was die Kindererziehung angeht.«

## Überbesorgtheit treibt Kinder und Enkel in den Wahnsinn

Schwer ist es für diejenigen Großmütter, die für eine Welt kämpften, in der Mädchen auch sein durften wie Jungs: frech, wild und schmutzig. Und dann haben sie Enkelkinder, die mit Barbies spielen oder sich am liebsten mit Prinzessin-Lillifee-Accessoires umgeben. Aber auch hier gilt, wie bei den eigenen Kindern: einerseits voll da sein, andererseits immer wieder loslassen!

Auch Bea und Michael, beide 68, staunen nur, wenn sie erleben, wie ihr Sohn Daniel, 38, »um sein Kind herumtüdelt«, wie sie es insgeheim nennen. »Er benimmt sich, als wäre die kleine Yella aus Glas«, lacht Bea. »Die Lütte ist schon vier, aber am liebsten würde er sie noch herumtragen wie ein kleines Baby.« Ausgerechnet Daniel, der frühere

Rabauke, als Kind immer mit einem Riesenschorf am Knie. Kein Baum zu hoch, kein See zu tief, kein Abenteuer zu groß, »immer die kleine Nase im Fahrtwind«.

Umgekehrt kann auch ein Schuh daraus werden, denn ängstliche Mütter werden leider oft überängstliche Großmütter. Ohne Mütze auf den Spielplatz, wenn draußen ein kleines Lüftchen weht? Süßigkeiten im kindlich zarten Milchzahngebiss? »Meine Mutter treibt mich mit ihrer Überbesorgtheit noch in den Wahnsinn«, sagt Bea, 38. »Als Kind durfte ich nichts, alles war zu gefährlich. Ich habe mir immer vorgenommen, es als Mutter auf jeden Fall anders zu machen, meinen Kindern etwas zuzutrauen und auch zuzumuten. Und jetzt haben sie eine Oma, die wie eine besorgte Glucke ständig um sie herumscharwenzelt.«

Aber selbst wenn man nicht die besorgte Glucke ist, sorgt man sich um die Enkelkinder genauso wie um die eigenen Kinder.

Was haben wir falsch gemacht?, fragen sich die Eltern von Kindern, die als Eltern so ganz anders sind als sie. Die Antwort lautet: Gar nichts! Wir haben alles richtig gemacht! Weil wir ein Kind erzogen haben, das eine eigene Meinung und andere Werte hat als wir und selbstbewusst genug ist, diese auch auszuleben. Klingt so simpel und ist genauso schwer zu akzeptieren, aber es bleibt uns nichts anderes übrig.

Nein, es ist nicht leicht, seinen Kindern beim Erziehen zuzusehen, mit Betonung auf ZUSEHEN, nicht auf einmischen und unerbetene Ratschläge geben. Raushalten heißt die Devise, denn wir stehen als Großeltern in der zweiten Reihe, nicht mehr in der ersten. Was auch den großen Vorteil hat, nicht mehr verantwortlich zu sein. Aber das hatten wir bereits. Jetzt haben wir die Erziehungsstaffel weitergereicht, ist das nicht wunderbar? Wir haben den Spaß, das Spielen, das Vorlesen, das Eintauchen in die kindliche Zauberwelt, und wenn es uns zu viel wird, wenn die Windel stinkt, der Teenie nervt, dann sagen wir einfach: »Tschüss, das war's!« Und keiner nimmt es uns übel. Nur noch Kür, keine Pflicht mehr! Und damit Sie diese Kür auch von Herzen genießen können und genau die Großeltern werden, die Kinder und Enkel so richtig lieb haben, sollten Sie die folgenden zehn Punkte beachten:

1. Sie sind Großeltern, bekennen Sie sich dazu, egal, wie jung Sie sich noch fühlen. Keine albernen Kosenamen wie Nana oder Dada, damit niemand merkt, wie alt Sie schon sind.
2. Ratschläge sind Schläge, das gilt ganz besonders für Großeltern. Egal, ob Ihre dreizehnjährige Enkelin einen Rock trägt, der kaum die Pobacken bedeckt, oder Ihr erwachsener Enkel zum dritten Mal das Studienfach wechselt – Reden ist Silber, Schweigen ist GOLD.
3. Dafür dürfen Sie Ihre Enkel nach Herzenslust verwöhnen. Zucker, Weißmehl, ab und zu ein Scheinchen, alles ist erlaubt. Mami und Papi müssen schließlich nicht immer alles wissen.
4. Loben Sie Ihre Kinder gelegentlich für ihre gute Erziehungsarbeit. Sätze wie »Wie entspannt und gleichzeitig konsequent du meine Enkel erziehst – ich bewundere dich« kommen immer gut an. Sie dürfen dabei gern ein wenig übertreiben.
5. Mütter sind wichtiger als Großmütter. Stellen Sie sich also NIE in Konkurrenz zu Ihren Kindern, dabei ziehen Sie garantiert den Kürzeren.
6. Dosieren Sie Ihre großelterliche Zuwendung – weniger ist oft mehr.
7. Andererseits machen Sie sich sehr beliebt, wenn Sie Ihren Kindern in deren frühen Kinderphase gelegentlich ein freies Wochenende gönnen.
8. Enkel halten jung, deshalb achten Sie darauf, dass Sie auf Spielplätzen, Hüpfburgen und Kindergeburtstagen noch eine halbwegs gute Figur machen. Nichts ist pein-

licher als eine Oma, die beim Sackhüpfen einen Schwächeanfall bekommt.

9. Unternehmen Sie mit Ihren Enkeln Dinge, für die ihre Eltern zu erschöpft sind, beispielsweise Museums- oder Theaterbesuche.
10. Ihre früheren Erziehungsmaßnahmen, auch wenn Sie diese für besonders gelungen halten, behalten Sie bitte für sich. Kein Mensch, am wenigsten Ihre Kinder, interessiert sich ernsthaft dafür. Vor allem erzählen Sie Ihren Enkeln nie, was für ein Satansbraten Mama oder Papa einmal waren. Dieser Schuss geht immer nach hinten los!

Im Grunde ist die Sache doch ganz einfach. Freundlich, gelassen, großzügig, unaufdringlich – so sehen die idealen Großeltern aus. Und nicht zusammenzucken, wenn in der Öffentlichkeit ganz laut »Oma, kommst du endlich?« gerufen wird und wir damit gemeint sind, obwohl wir für unser Alter doch noch sooo jung aussehen. Auch wenn wir so aussehen, wir sind es nicht mehr. Wir sind jetzt Großeltern. Es gibt Schlimmeres.

Im Grunde ist die Sache doch ganz einfach. Freundlich, gelassen, großzügig, unaufdringlich – so sehen die idealen Großeltern aus.

## Beate, 67, dreifache Mutter, vierfache Oma

»Ich habe mich von meinem damaligen Mann getrennt, als Michael, mein ältester Sohn, dreizehn war. Mein Ex war Alkoholiker und Womanizer, es ging einfach nicht mehr. Weil ich versucht habe, unsere Eheprobleme von den Kindern fernzuhalten, war ich für Michael natürlich zunächst die Böse, mit siebzehn ist er deshalb aus Protest zu seinem Vater gezogen. Darunter habe ich seinerzeit sehr gelitten, aber immer versucht, ihn nicht unter Druck zu setzen, eine entspannte, coole Mutter zu sein. Im Gegensatz zu mir und seinen Geschwistern war mein Ältester immer sehr ehrgeizig, bestes Abitur, bestes Juraexamen, bis Ende zwanzig hat er das durchgehalten, dann hatte er ein richtiges Burn-out-Syndrom, Panikattacken inklusive. Ich hätte ihm gern durch diese Krise geholfen, aber er brauchte Abstand. In dieser Zeit hat er seine jetzige Frau kennengelernt, Marion, eine junge, fadendünne Musikerin aus ganz einfachen Verhältnissen, aber superdiszipliniert und genauso ehrgeizig wie er. Ich glaube, dass sie sich meinen Sohn richtig gekrallt hat, denn ihre Vorgängerinnen waren immer eher so Typen wie ich – üppig, lebensfroh, vor allem sehr gesellig. Vermutlich weil uns Welten trennen, hat Michael mir seine zukünftige Frau erst eine Woche vor der standesamtlichen Hochzeit vorgestellt. Ich habe mich wirklich sehr bemüht, sie zu mögen, aber Marion strahlte von der ersten Begegnung an eine solche Kälte und Abneigung gegen mich aus, dass es mir schwerfiel. ›Die Chemie zwischen uns stimmt einfach nicht, deine Mutter ist der Typ Frau, den ich aus ganzem Herzen ablehne‹, hat sie zu meinem Sohn gesagt, als der sie darauf ansprach. Und leider, leider hat er es dabei so ziemlich bewenden lassen und sich nie für mich starkgemacht.

Als sie ihr erstes Kind, meinen ersten Enkel, bekam, ist sie völlig ausgerastet, als ich ihn aus dem Bettchen nahm und auf den Kopf küsste. Der Grund: Ich trug Lippenstift. Ganz schlimm für die zarte Babyhaut! Seitdem bin ich nie wieder mit meinen Enkeln, inzwischen sieben und neun, allein gewesen. Sie haben mich noch nie besucht, noch nie bei mir übernachtet, noch nie etwas allein mit mir unternommen. ›Ich traue deiner Mutter nicht‹, hat sie zu meinem Sohn gesagt. ›Ich halte sie für verantwortungslos.‹ Wenn die Kinder Geburtstag haben, muss ich mich immer selbst einladen, dann darf ich mein Geschenk abliefern, bekomme eine Tasse Kaffee, ein Stück Kuchen und dann sehe ich schon in ihren Augen, dass ich bitte ganz schnell wieder gehen soll. Ich kann gar nicht beschreiben, wie sehr mich das kränkt. Und wütend macht. Vor allem hilflos.

›Ich will mich da nicht einmischen‹, sagt mein Sohn, mit dem ich trotz allem ein gutes Verhältnis habe. Wir treffen uns jetzt mittags in der Stadt, heimlich, ich habe mich damit abgefunden. Weil mir klar ist, dass ich ganz allein damit fertigwerden muss – mit einer Schwiegertochter, die mir meine Enkel vorenthält und meinen Sohn für sich haben will, und mit meinem Sohn, der in seiner Ehe leider ein Weichei geworden ist. Ich versuche einfach, den ganzen Frust zu verdrängen. Zum Glück hat meine Tochter zwei Söhne, die ihre Oma über alles lieben.«

JETZT FÄLLT'S MIR EIN... WIR HABEN TOTAL VERGESSEN, KINDER ZU KRIEGEN.

# »Ich will auch ein Baby!« oder »Ich wollte nie ein Kind!« – Der unerfüllte Kinderwunsch

Alles können wir mit Knopfdruck oder Mausklick regeln – Reisen, E-Mails, Online-Bewerbungen, manchmal sogar die Liebe, wenn der Traummann bei einer Online-Partnervermittlung sich nicht als Albtraumfrosch mit Glatze, Bauch und Hartz-IV-Existenz entpuppt. Nur eines bleibt immer Schicksal, Natur, höhere Gewalt: Schwangerschaft und Baby.

Schwanger zu werden, ist so trügerisch leicht, wie jede Frau weiß, bei der sich dieses Thema als mühsam und kompliziert erweist, denn genau in dem Moment, in dem sie es sein möchte, scheint es jeder anderen Frau in ihrer Umgebung bereits gelungen zu sein. Nie wieder sieht man so viele Babybäuche, Kinderkarren und quietschende Winzwesen wie in der Zeit, in der man genau das will – einen dicken Bauch, in dem es pocht und klopft, einen Kinderwagen, den man stolz durch die Straßen schiebt, darin ein so übertrieben schnuckeliges Baby, dass alle Passanten stehen bleiben und rufen: »Mein Gott, ist das süüüß!« Aber es passiert nichts. Gar nichts. Das Leben geht weiter und jeden Monat kommt die Regel. Wir können die Uhr danach stellen. Der Gynäkologe rät entweder zu Geduld oder verschreibt

Hormone. Manchmal ist ein chirurgischer Eingriff nötig, manchmal auch mehrere.

Fazit: Wir verkrampfen. Unsere Seele hängt auf halbmast, unsere Eierstöcke verknoten sich. Das, was eigentlich ein Höhepunkt in unserem Leben sein sollte, wird zu einer Endloskette von Tiefpunkten.

## Alles ist möglich, nur ein Baby nicht

Es ist Segen und Fluch zugleich, dass die Fertilitätsmedizin in den letzten zwanzig Jahren geradezu explodiert ist. Unsere Großeltern mussten sich einfach damit abfinden, wenn der Nachwuchs ausblieb. Für unsere Eltern war die In-vitro-Fertilisation und später die Insemination durch Spendersamen eine – wenn auch noch etwas befremdliche – Möglichkeit. Letzteres zu Recht, wie man kürzlich aus Amerika lesen konnte, wo ein Mann, der sich neben dem Studium als Spermaspender etwas dazuverdient hatte, plötzlich mit fast zweihundert Kindern und ihren weit über hundert Müttern konfrontiert sah – seine Begeisterung wird sich in Grenzen gehalten haben. Hierzulande sind die Gesetze deutlich schärfer. Aber trotzdem gibt es gut vernetzte Ärzte, die einfach ihre Patientinnen, vollgepumpt mit Hormonen, über die Grenze nach Holland, Polen oder Tschechien schicken und sich dabei eine goldene Nase verdienen, denn nichts ist so hartnäckig wie der Wunsch nach einem Baby. Nichts.

»Ich war wie besessen, weil ich unbedingt ein Kind wollte.«

»Ich war wie besessen«, erzählt Ulrike, 43, »weil ich schon neununddreißig war und unbedingt ein Kind wollte. Also habe ich jeden Tag Fieber gemessen, eine Kurve angelegt, in der Eisprungzeit meinen armen Mann zum Geschlechtsverkehr gezwungen, danach dreißig Minuten eine Kerze gemacht, damit sein Sperma drinbleibt. Ich habe mich gesund ernährt, viel geschlafen, mit Rauchen und Alkohol aufgehört. Mit anderen Worten: Ich bin eine verzickte, schlecht gelaunte Spaßbremse geworden. Ich habe genau gemerkt, dass ich auf dem völlig falschen Trip war, dass ich locker sein, loslassen, mich entspannen müsste, aber es ging nicht. Wie auch, wenn ich mit jedem Tag älter und damit die Chance, Mutter zu werden, immer kleiner wurde?«

»Ich habe genau in der Zeit, in der ich schwanger werden wollte, eine gute Freundin zur Abtreibung begleitet«, sagt Sandra, 37. »Ich kann gar nicht beschreiben, was in mir vorging, als ich im Wartezimmer saß und wusste: Jetzt wird ihr gerade genau das abgesaugt, wonach ich mich mit jeder Faser meines Herzens sehnte. Was für eine Verschwendung! Es hat unsere Freundschaft so lange belastet, bis es endlich bei mir auch geklappt hat.«

»Als ich endlich schwanger war, dachte ich: Jetzt wird alles, alles gut! Ich war total euphorisch.«

Nichts ist schmerzlicher für eine Frau, als wenn sie sich ein Baby wünscht und nicht schwanger wird. Weil auf einmal alles infrage gestellt wird – ihre Lebenspläne, ihr Frausein, ihre Partnerschaft. Weil es so ohnmächtig und wütend macht. Man hat alles im Leben im Griff, nur das eine nicht, das doch eigentlich Natürlichste und Normalste der Welt: ein Baby.

In dieser Phase neigen Frauen dazu, das vielleicht nie geborene Baby mit ihren Wünschen ans Leben so zu überfrachten, wie es kein Baby jemals einlösen kann. »Ich habe acht Jahre auf mein Kind gewartet, alles durchprobiert, fünfmal in vitro, tonnenweise Hormone, bis es endlich geklappt hat. Inzwischen war meine Ehe fast kaputt, meine Gesundheit beinahe ruiniert und meine Freunde hatten größtenteils das Weite gesucht, weil sie das Babythema nicht mehr hören konnten«, erzählt Yvonne, 45. »Als ich endlich schwanger war, dachte ich: Jetzt wird alles, alles gut! Ich war total euphorisch.« Doch als Dominik auf die Welt kam, löste sich ihre Euphorie sehr schnell in Luft auf. Er kam zu früh und hatte Koliken, vier endlose, quälende Monate lang. »Ich war völlig erschöpft von der Geburt und hatte kaum die Kraft, mich um Dominik zu kümmern. Leider schrie er jeden Abend von sechs Uhr bis mindestens Mitternacht, dann musste er schaukelnd durch die Wohnung getragen werden, sonst schlief er überhaupt nicht.« Und auch als die Koliken endlich aufhörten, war er ein schwieriges, unruhiges Kind, das oft kränkelte und viel Aufmerksamkeit brauchte. »Ich bin freiberufliche Werbetexterin und habe in den ersten drei Jahren fast alle Aufträge verloren«, sagt Yvonne, »weil Dominik mich wirklich rund um die Uhr in Atem hielt. Heimlich habe ich oft bereut, dass ich mir dieses Kind ja förmlich abgezwungen hatte. Natürlich habe ich das nie zugegeben und zum Glück hat sich mein kleines Monsterkind inzwischen gut entwickelt.«

## Warum unbedingt Kinder?

Solche Horrorstorys sind kein Trost. Weil sich eine Frau, die jeden Tag ihre Fieberkurve verfolgt und neidisch in jeden Kinderwagen schielt, nicht vorstellen kann, dass ein Baby, wenn es denn endlich, ENDLICH da ist, etwas anderes als pures, unverdünntes Glück bedeutet. Und das ist gut so, denn sonst wären wir längst ausgestorben! Was also rät man einer Frau, deren Bauch sich ihr verweigert?

»Geduld, Geduld, ich kann das Wort nicht mehr hören«, sagt Marion, 48, kinderlos. »Wenn es um so etwas Wesentliches wie Familienplanung geht, dann wird man einfach panisch, wenn der eigene Körper nicht mitspielt.« Und Anna, 42, erzählt: »Jetzt endlich habe ich den richtigen Mann, mit dem ich ein Kind haben möchte, doch nun streiken meine Eierstöcke. Das ist ungerecht. Hoffentlich hält meine Ehe das aus. Ich habe

Wer sagt denn, dass Kinder in jedem Fall glücklich machen?

Angst, dass, wenn wir kein Kind bekommen, mein Mann mich irgendwann verlässt, um mit einer jüngeren Frau ein Kind zu bekommen.«

Auch Ina, 38, versucht seit drei Jahren schwanger zu werden. In Hamburg-Ottensen ist sie umgeben von jungen Müttern, die übernächtigt in den Cafés sitzen und jammern, wie anstrengend das Leben mit Kleinkind ist. »Das ist wie eine Ohrfeige für mich, die ich Woche für Woche hoffe, dass es klappt. Ich komme mir bei diesem ganzen Mutterwahn nicht als vollwertige Frau vor.«

Aber wie wäre es mit ein bisschen Gelassenheit und der Einsicht, dass man eben manchmal seinen Körper nicht zu etwas zwingen kann? »Ich rate den Patientinnen, bei denen ich nachhelfen muss, zu einer Zeitspanne von maximal zwei Jahren«, sagt ein Frauenarzt. »Danach sind Körper und Seele erschöpft und sollten nicht länger strapaziert werden.« Stimmt zwar, aber die meisten seiner Patientinnen richten sich trotzdem nicht danach. Die Hoffnung stirbt schließlich zuletzt. Und jede hat schon einmal von einer Frau gehört, die entweder nach jahrelangem Ärztemarathon oder mit Ende vierzig ganz spontan doch noch schwanger wurde. Wer aber noch auf der Suche nach einem Partner ist, um schwanger zu werden, hat ab einem bestimmten Alter leider oft Probleme, denn Frauen Ende dreißig kommen auf dem Beziehungsmarkt ganz schlecht an, weil sie diesen Ich-will-ein-Kind-Blick haben.

Wer sagt denn, dass Kinder in jedem Fall glücklich machen? Niemand, aber die Angst der ungewollt Kinderlosen ist trotzdem groß, es könnte irgendwann einfach zu spät sein. Wie bei Uschi, 58, die kein Kind bekam, weil ihr Mann Bernd keines wollte. Sie hätte gern Kinder gehabt und hat aus Liebe zu ihm darauf verzichtet, einmal hat sie sogar abgetrieben, weil er sie vor die schlimmste Alternative stellte, vor die ein Mann eine Frau, die Mutter werden möchte, stellen kann: ich oder ein Kind.

»Ich war damals zu beschäftigt mit mir selbst, wusste nicht, was und wohin ich will. Ich bin einfach ein großer Egoist und bin gern allein«, sagt Bernd. »Vielleicht hat mir auch einfach der Mut gefehlt und ihr letztlich auch. Denn wenn sie das Kind behalten hätte, hätte ich mich wohl notgedrungen verantwortlich gefühlt.«

Wir sagen: Wer Kinder in seinem Leben will, der kriegt auch welche. Es müssen nicht immer die eigenen sein. Warum kein Adoptiv- oder Pflegekind? Warum sich nicht um den Nachwuchs von Geschwistern, Freunden oder Nachbarn kümmern? Obwohl es viele Gründe gibt, keine Kinder zu wollen – Karriere, Egoismus, traumatische Kindheit, einfach keine Lust, Einsicht in fehlende Elternqualitäten –, akzeptiert werden sie nur selten. Besonders Frauen, die ganz bewusst auf Nachwuchs verzichten, stehen noch immer im Kreuzfeuer der Kritik.

»›Waaas …? Sie haben keine Kinder?‹ Wenn ich diese blöde Frage höre, denke ich mir immer eine schlimme Krankheit aus«, sagt eine Kinderlose. »Ich murmele dann etwas höchst kompliziert Lateinisches und füge ›leider unheilbar, eine Erbkrankheit‹ hinzu. Dann habe ich meine Ruhe.«

Manchmal sind aber auch ausgerechnet andere Mütter der Grund, warum Frauen sich gegen eigene Kinder entscheiden.

»Ich bin umgeben von Freundinnen, die alle genervt, gereizt, unausgeschlafen, gestresst sind«, sagt Anja, 35. »Die Männer dazu sind frustriert und bleiben nur wegen der Kinder mit ihren Nörgelfrauen zusammen. Soll ich diesem Frustklub etwa freiwillig betreten? Nein danke!«

Antonia, 67, ist wegen ihrer Eltern nicht selbst Mutter geworden. »Wir waren vier Kinder zu Hause – eine laute, anstrengende, streitsüchtige Familie. An meinen Eltern habe ich gesehen, was für ein glückliches Paar sie hätten sein können, wenn sie keine Kinder bekommen hätten. Sie haben sich an uns aufgerieben. Deswegen wollte ich nie Kinder und bereue diese Entscheidung keine Sekunde!«

Fazit: Jeder soll nach seiner Fasson glücklich werden. Mit oder ohne Kinder. Denn eines steht fest: Wer mit Kindern leben will, braucht dazu keine eigenen.

»Ich habe viele Singlefreunde«, sagt die vierfache Mutter Inga, 39, »die aus den unterschiedlichsten Gründen keine Kinder haben. Was für mich wiederum sehr praktisch ist, denn so kann ich meine Kinder an sie ausleihen und beide Seiten haben etwas davon. Ich habe mal ein Stündchen für mich und meine Freunde haben das Gefühl, etwas für die Menschheit beziehungsweise meine Familie zu tun. Beides ist begrenzt und deshalb umso kostbarer.« Wie lautet ein altes, deutsches Sprichwort so richtig?

»Wer ohne Kinder lebt,
der weiß von keinem Leide,
wer ohne Kinder stirbt,
von keiner Freude.«

Auf ein langes Leben! Mit oder ohne Kinder.

## Amelie, 66, keine Kinder

»Ich wollte immer drei Kinder. So bürgerlich, wie ich erzogen bin, war das gar keine Frage. Dann kam aber das Jahr 1968 mit neuen Fragestellungen und ich dachte nicht mehr an Kinder, sondern wollte frei sein und berufstätig, gemäß dem Slogan von Simone de Beauvoir: ›Mutterschaft ist eine böse Falle.‹ Ich habe dann auch schnell Karriere gemacht und bin viel gereist, ich wollte immer alles. Heute denke ich, ich habe mir unbewusst immer einen Mann gesucht, mit dem Kinder nicht möglich waren. Mit meiner großen Liebe war ich von fünfunddreißig bis vierzig zusammen. Der hatte schon ein Kind und wollte nicht noch eines. Ich habe ihn geliebt wie blöd und gedacht: Na gut, für diesen Mann verzichte ich auf ein Kind. Als er mich dann verlassen hatte, war es für Kinder zu spät und das war ziemlich schrecklich. Da war ich erst mal zwei Jahre ganz neben der Spur: zum einen, weil der Mann weg war, zum anderen, weil ich nun wusste, ich würde keine Kinder mehr haben. Das war wie eine offene Wunde.

Mir hat mal ein Freund auf den Kopf zugesagt: ›Wenn du wirklich gewollt hättest, dann hättest du drei Kinder. Irgendwas in dir wird nicht gewollt haben.‹ Heute denke ich, da ist etwas Wahres dran. Ich war auch nie schwanger, was ganz furchtbar ist. Ich bin zwar noch froher, dass ich nie eine Abtreibung hatte, aber das Gefühl, nie schwanger gewesen zu sein, hat was von Versagen. Ich habe es auch nie hinbekommen, mal die Pille zu vergessen. Ich wollte niemanden reinlegen. Ich wollte auch an dem Schlamassel nicht schuld sein, wenn das Kind keinen Vater gehabt hätte. Aber jetzt denke ich oft: Hätte ich doch mal fünf gerade sein lassen. Ich hätte das Kind schon groß gekriegt.

Ja, da ist eine große Trauer in mir. Vor allem erlebe ich jetzt so einen zweiten Schub, wo alle Freundinnen Enkelkinder bekommen. Mein Leben ist total anders gelaufen, als ich es mir als junge Frau vorgestellt habe. Ich hatte durchaus viel Liebe im Leben, aber diese Erfahrung, ein Kind groß werden zu sehen und zu lieben, die fehlt mir.«

## Uta König, Filmemacherin, zwei Töchter, eine davon schwerbehindert

»Am liebsten würde ich allen Müttern und Vätern, die ständig unter Erziehungsstrom stehen, zurufen: Hört auf mit den ewigen pädagogischen Nachstellungen! Das bringt alles nichts. Eltern meinen, ihr Kind unablässig unterrichten zu müssen, gerade Mittelstandseltern neigen zu diesen Fehlhaltungen. Auch da möchte ich dazwischengehen und fauchen: Euer Kind ist kein Nürnberger Trichter, in den man Wissen hineinstopft! Rennt nicht dauernd hinter euren Kindern her, ängstlich beobachtend, ob sie endlich ihre genialen Anlagen entfalten! Kinder sind kreativ und neugierig und sie bleiben es auch, wenn die Erwachsenen ihnen ihren Forscherdrang nicht austreiben. Statt kindisches Spielzeug zu kaufen, lasst das Kind mit der Salatschleuder spielen oder Töpfe schlagen. Eltern sollten mehr zuschauen, nicht immer wie Spielverderber dazwischenfunken. Freut euch einfach, dass euer Kind gesund und munter ist!

Es ist wohl kein Zufall, dass Kinder sich am besten entwickeln, wenn sie viel mit anderen Kindern zusammen sind. Das heißt aber auch: Eltern sind nicht die geborenen Erzieher. Mütter, führt euch nicht wie die Kletten auf! Ich schwöre es: Wenn die Winzlinge sich wehren könnten und nicht so verdammt abhängig wären, dann würden sie oftmals ganz schnell weglaufen oder sich Augen und Ohren zuhalten. Zu den schlimmsten Fehlern gehört: Statt das Kind in Ruhe zu lassen, es zu beobachten und nicht dauernd zu bespielen, führen sich Erwachsene grotesk auf. Mit verstellter Stimme fuchteln sie vor dem Gesicht des Kindes mit Quietscheenten herum und merken gar nicht, wie lächerlich sie sich machen. Kein Kind spricht kindisch, nur Eltern tun es.

Wie man als Eltern alles übersteht? Ich frage mich eher, wie Kinder ihre Eltern überstehen. Gerade in meiner Arbeit mit vernachlässigten Kindern erlebe ich immer wieder: Kinder sind die loyalsten Menschen, die es auf Erden gibt. Sie verzeihen ihren

Eltern – fast – alles. Und sie suchen die Schuld bei sich, wenn die Eltern Scheiße bauen.

Wir sind noch weit davon entfernt, Kinder in ihren Bedürfnissen ernst zu nehmen. Wenn es Eltern gelingt, zu sich und ihren ›Macken‹ Abstand zu kriegen, wenn sie über sich lachen können und sich nicht ständig zu wichtig nehmen, dann sind sie auch nicht dauernd damit beschäftigt, alles richtig machen zu wollen. Das ist kein Freibrief für Ohrfeigen oder Drohgebärden, aber ein Plädoyer für Eltern, die Menschen und keine Übermenschen sind. Wer sich nicht verstellt und eine gesunde Portion Egoismus gegenüber seinem Kind zum Ausdruck bringt, muss auch nicht ständig darüber jammern, wie anstrengend das Leben mit Kind ist. Wenn Mütter erklären, dass sie sich für ihr Kind aufopfern, und kundtun, dass sie ›alles für ihre Kinder geben würden‹, dann hört sich das für mich gar nicht freundlich an. Oft schwingt da so ein aggressiver Unterton mit: Wehe, du bist nicht dankbar! Zum Gruseln ist das.«

ER IST EIN GUTES BEISPIEL, WARUM MANCHE TIERE IHRE JUNGEN FRESSEN.
TIL

# Warum wir unsere Kinder trotzdem lieben und es besser ist, keine Supermutter zu sein

Nein, dies ist kein Kinderhasserbuch. Wie könnte es das sein bei insgesamt drei Söhnen, einer Tochter und einer Enkeltochter im Alter von elf bis vierunddreißig Jahren, die mehr oder weniger erfolgreich versucht haben, uns zwei Dinge beizubringen: Geduld und Demut. Klingt spießig, hat uns aber zu besseren Menschen gemacht. Geduld bei endlosen Bastelorgien mit winzigen Teilen, von denen immer eines fehlte. Geduld bei Kinderzimmern, die wie bei einer *RTL2*-Sendung über Messies aussahen, Berge von Unordnung, unter denen die Mäuse krabbelten. Auf jeden Fall kam es uns so vor. Geduld in den gefühlten zwei Jahrhunderten, die ihre Pubertät dauerte, mit all den wunderbaren Überraschungen, die diese Phase mit sich brachte. Und immer waren die Eltern schuld. Egal, ob es um ein entzündetes Intimpiercing ging, um eine Nacht in der Ausnüchterungszelle, um das Fahren (in unserem Auto) ohne Führerschein oder um den Zustand unseres Wohnzimmers, nachdem unsere Teenies dort das taten, was so trügerisch harmlos »Vorglühen« heißt.

Loslassen heißt das Zauberwort – und wir versuchten es. Nicht immer mit Erfolg, aber mit Demut. Weil loslassen einfach schwierig ist, wenn der Sohn sich in ein Mädchen verliebt, das ihn schlecht behandelt und ausnutzt. Wenn ein Kind unglücklich ist, aber auf die Frage, ob es Hilfe braucht, nur schnauzt: »Das krieg ich schon alleine hin.« Was leider nicht stimmt, wir es aber trotzdem akzeptieren müssen.

All die Sorgen, all der Ärger und Verdruss, all das »Schlimmer geht's immer« – und trotzdem nimmt die Liebe nicht ab. Sie fühlt sich nur manchmal sehr anstrengend an.

Wie überstehen wir unsere Kinder? Vielleicht sollten wir uns fragen, wie unsere Kinder uns überstehen. Schließlich sind wir nicht ganz unschuldig an ihrer Entwicklung. Waren wir gute Eltern, sind wir es noch? Eine bange Frage, schwanken wir doch oft ohne Kompass auf sehr dünnem Boden, sind häufig schwach und hilflos. Und haben das große Glück, dass unsere Kinder uns fast alles verzeihen. Genauso wie wir ihnen. Und im Laufe der Jahre wird es immer besser. Meistens jedenfalls.

In dem Film *Lost in Translation* wird Bill Murray von Scarlett Johansson gefragt, ob es irgendwann eigentlich leichter wird mit Ehe und Familie, und er sagt, dass die Kinder, die als Babys anstrengend waren, »im Laufe der Jahre immer mehr zu den Leuten werden, mit denen du am allerliebsten zusammen bist«. Kinder sind so wichtig, weil wir ohne sie etwas ganz Entscheidendes nicht wüssten: Auch wenn alle unsere Bedürfnisse befriedigt sind und scheinbar alle Zutaten stimmen, kommt das Glück nicht automatisch. Kinder sind wie ein Marathon, viel Arbeit, viel Schweiß und ein unbeschreibliches Gefühl an der Ziellinie.

»Ein Bild, das keine Schatten macht, hat keine Tiefe«, sagt der Psychologe Oskar Holzberg, und was er damit meint, ist etwas sehr Tröstliches: Alle Eltern machen Fehler, und das bedeutet: Es gibt keine guten Eltern, aber es gibt welche, die gut genug sind.

Und gut genug reicht.

Was für eine Erleichterung!

# Dank der Autorinnen

Dieses Buch gäbe es nicht, wenn wir nicht Mütter wären. Deshalb danken wir zuallererst unseren Kindern Malte, Jonas, Lea und Luca, die uns oft an den Rand des Wahnsinns, aber noch öfter auf den Gipfel des Mutterglücks getrieben haben. Ohne sie würden wir das Leben nicht mit so viel Humor und Gelassenheit betrachten, vor allem wüssten wir nicht, wie schwer sich manchmal ein Herz anfühlt, aber auch, wie riesengroß es ist. Besonders dankbar sind wir allen Eltern, die uns so schonungslos und ehrlich Auskunft gegeben haben, ohne sie würde diesem Buch eine ganz entscheidende Erkenntnis fehlen: Wir sind nicht allein!

# Buchempfehlungen


Abécassis, Éliette: *Ein freudiges Ereignis.* Aus dem Französischen von Brigitte Große. Deutsche Erstausgabe, Diana Verlag, München, 2007

Grodstein, Lauren: *Die Freundin meines Sohnes.* Aus dem Amerikanischen von Silvia Morawetz. Deutsche Erstausgabe, Klett-Cotta Verlag, Stuttgart, 2011

Handke, Peter: *Kindergeschichte.* Suhrkamp Verlag, Frankfurt, 1981

Hettche, Thomas: *Die Liebe der Väter.* Verlag Kiepenheuer & Witsch, Köln, 1. Auflage 2010

Kaller, Luise: *Bauchgefühl. Das Hebammenwissen für Schwangerschaft, Geburt und die erste Zeit mit dem Baby.* List Hardcover, ein Verlag der Ullstein Buchverlage GmbH, Berlin, 2011

Kürthy, von, Ildikó: *Schwerelos.* rororo Taschenbuch, Reinbek, 2009

Largo, Remo H.: *Babyjahre. Entwicklung und Erziehung in den ersten vier Jahren.* Piper Verlag, Taschenbuchausgabe, vollständig überarbeitete Neuausgabe, München/Zürich, 1. Auflage 2010

Lebert, Benjamin: *Crazy.* Verlag Kiepenheuer & Witsch, Köln, 1999

Mansbach, Adam: *Verdammte Scheiße, schlaf ein!* Dumont Verlag, München, 2011

Mühl, Melanie: *Die Patchwork-Lüge. Eine Streitschrift.* Carl Hanser Verlag, München, 2011

Sohn, Amy: *Prospect Park West.* Aus dem Amerikanischen von Juliane Zaubitzer. Deutsche Erstausgabe, Tolkemitt Verlag, Zürich, 2010

Soliman, Tina: *Funkstille. Wenn Menschen den Kontakt abbrechen.* Klett-Cotta Verlag, Stuttgart, 3. Auflage 2011

Tolstoi, Leo: *Anna Karenina.* Aus dem Russischen von Hermann Röhl. Erstmals erschienen bei Rütten & Loening, 1956, einer Marke der Aufbau Verlag GmbH & Co. KG, Aufbau Digital © Aufbau Verlag GmbH & Co. KG, Berlin, Taschenbuchausgabe, 2008

Volo, Fabio: *Einfach losfahren.* Diogenes Verlag, Zürich, 2009

Waldman, Ayelet: *Böse Mütter. Meine mütterlichen Sünden, großen und kleinen Katastrophen, und Momente des Glücks.* Aus dem Englischen von Isabel Bogdan, Klett-Cotta Verlag, Stuttgart, 2. Auflage 2010

Wegener, Felix: *Nichtschwimmer.* Ullstein Taschenbuch, Berlin, 2011

Winterhoff, Michael: *Warum unsere Kinder Tyrannen werden oder: Die Abschaffung der Kindheit.* Gütersloher Verlagshaus in der Verlagsgruppe Random House, Gütersloh/München, 2008

# Filmtipps

*About a Boy*. Regie: Chris Weitz, UK/USA, 2002
*American Beauty*. Regie: Sam Mendes, USA, 1999
*Baby-Boom*. Regie: Charles Shyer, USA, 1987
*Der Gott des Gemetzels*. Regie: Roman Polanski, Frankreich, 2011
*Kokowääh*. Regie: Til Schweiger, Deutschland, 2011
*Kramer gegen Kramer*. Regie: Robert Benton, USA, 1979
*The Kids Are All Right*. Regie: Lisa Cholodenko, USA, 2010

# Quellenverzeichnis

Trotz aller Bemühungen konnten nicht alle Rechteinhaber ausfindig gemacht werden. Berechtigte Anspruchsinhaber können sich gern an den Verlag wenden.

## »Jedem Anfang wohnt ein Zauber inne« – Schwangerschaftsfantasien

**Seite 13:** Abécassis, Éliette: *Ein freudiges Ereignis*. Aus dem Französischen von Brigitte Große. Diana Verlag, deutsche Erstausgabe, München 2007, S. 14

**Seite 14:** Kramer, Katharina: *Die Welt des Ungeborenen*. Interview mit Ludwig Janus; in: GEOkompakt, Nr. 17, Titel: *Kindheit. Die wichtigsten Jahre im Leben*, Verlagsgruppe GEO im Verlag Gruner + Jahr AG & Co. KG, Hamburg 2008, S. 27

**Seite 19:** Interview mit Ute Lemper in: BUNTE, Nr. 30, Hubert Burda Media, Hamburg und München 2011

**Seite 22:** Volo, Fabio: *Einfach losfahren*. Aus dem Italienischen von Peter Klöss. Diogenes Verlag, Zürich 2009, S. 11

## »Es war der schönste Moment in meinem Leben« – Mit der Fruchtblase platzt leider auch die Illusion

**Seite 25:** Hustvedt, Siri: *Was ich liebte*. Aus dem Amerikanischen von Uli Aumüller, Erica Fischer und Grete Osterwald, rororo Taschenbuch, Rohwolt Verlag, deutsche Erstausgabe, Reinbek 2004, S. 51

**Seite 26:** Geisler, Annika: O-Ton von Luise Kaller aus dem Artikel *Wunder in Windeln*; in: stern, Nr. 42, Gruner + Jahr AG & Co. KG, Hamburg, 13.10.2011, S. 126 ff.

**Seite 26:** Bibel: *1. Moses 3,16*. Einheitsübersetzung der Heiligen Schrift. Katholische Bibelanstalt, Stuttgart 1980. Siehe auch: http://www.bibleserver.com/text/1.Mose#/text/EU/1.Mose3

**Seite 31:** Kehse, Ute: *Aufbruch ins Leben. Die verblüffende Biologie der Geburt*; in: GEOkompakt, Nr. 17, Titel: *Kindheit. Die wichtigsten Jahre im*

*Leben*, Verlagsgruppe GEO im Verlag Gruner + Jahr AG & Co. KG, Hamburg 2008, S. 34

**Seite 35:** Sohn, Amy: *Prospect Park West.* Aus dem Amerikanischen von Juliane Zaubitzer, Tolkemitt Verlag, deutsche Erstausgabe, Zürich 2010, S. 61

**Seite 37:** Largo, Remo H.: *Babyjahre. Entwicklung und Erziehung in den ersten vier Jahren.* Erstausgabe erschienen im Carlsen Verlag, Hamburg 1993, © Piper Verlag GmbH, München 2007, vollständig überarbeitete Neuausgabe, 2. Auflage 2008, S. 34

**Seite 38:** Mengersen, Annika: *Muttersein ist einfach toll!* Interview mit Barbara Schöneberger; auf: www.sixx.de/lifestyle/id/barbara-schoeneberger-im-interview-muttersein-ist-einfach-nur-toll-19488/, Mai 2011

## »Hallo, ich bin auch noch da!« – Ein Kapitel nur für Väter

**Seite 43:** Griese, Inga: *Til Schweigers Weisheiten zur Patchworkfamilie.* Interview mit Til Schweiger für WELT ONLINE, Axel Springer AG, Berlin, 02.02.2011; auf: http://www.welt.de/kultur/kino/article12411633/Til-Schweigers-Weisheiten-zur-Patchworkfamilie.html

**Seite 47/48:** Aus dem Artikel *Das neue Bild vom Vater* in: GEO, Nr. 1, Verlagsgruppe GEO im Verlag Gruner + Jahr AG & Co. KG, Hamburg 2001. Siehe auch http://www.geo.de/GEO/kultur/gesellschaft/780.html?p=2

**Seite 48:** Baumgarten, Silke: *Für Abgeordnete gibt's keine Elternzeit.* Interview mit Andrea Nahles auf Brigitte.de, Artikel in Brigitte, Heft 16 vom 18.11.2010, G+J Women New Media GmbH, Hamburg 2011. Siehe auch: http://www.brigitte.de/gesellschaft/politik-gesellschaft/andrea-nahles-1074936/

**Seite 49:** Hettche, Thomas: *Die Liebe der Väter.* Verlag Kiepenheuer & Witsch, Köln, 1. Auflage 2010, S. 47

**Seite 49:** Busch, Wilhelm: *Tobias Knopp. Kapitel 76.* Siehe: http://gutenberg.spiegel.de/buch/4169/76

## »Da war doch noch was?« – Libido perdu

**Seite 59:** Sohn, Amy: *Prospect Park West.* Aus dem Amerikanischen von Juliane Zaubitzer, Tolkemitt Verlag, deutsche Erstausgabe, Zürich 2010, S. 14

## »Jetzt bist du mal dran!« – Elternschaft ist ein Prüfstein für die Beziehung


**Seite 67:** Martin Helg: *Mit Kindern nimmt das Glück ab.* Interview mit Ruut Veenhoven; in: NZZ am Sonntag, 6.4.2008. Siehe auch: http://www.nzz.ch/nachrichten/panorama/mit_kindern_nimmt_das_glueck_ab_1.702563.html

**Seite 69:** Eißele, Ingrid; Reich, Franziska: *Eltern unter Druck*; in: stern, Nr. 27, Gruner + Jahr AG & Co. KG, Hamburg 2010, S. 106

**Seite 70:** Mecke, Georg: Interview mit Ina Müller; in: Frankfurter Allgemeine Zeitung, Frankfurt/Main, 4.9.2011

**Seite 70:** Hensel, Jana: *Unglück im Glück*; in: ZEITmagazin, Nr. 51, Zeitverlag Gerd Bucerius GmbH & Co. KG, Hamburg, 15.12.2010. Siehe auch: http://www.zeit.de/2010/51/Moderne-Eltern/seite-3

**Seite 71:** Mansbach, Adam: *Verdammte Scheiße, schlaf ein!* Dumont Verlag, München 2011

**Seite 71:** Abécassis, Éliette: *Ein freudiges Ereignis.* Aus dem Französischen von Brigitte Große. Diana Verlag, deutsche Erstausgabe, München 2007, S. 12/13


## »Das Leben ist da draußen« – Hinter lauter Windeln keine Welt


**Seite 80:** Hahn, Anna Katharina: *Kürzere Tage.* Suhrkamp Verlag, Berlin 2009, S. 207

**Seite 82:** Wippermann, Peter, Trendbüro (Hrsg): *Das neue Wörterbuch der Szenesprachen.* Duden Verlag, Mannheim 2009, S. 114 und 116


## »Monster im Schlaraffenland« – Was wir damit anrichten, wenn wir unsere Kinder viel zu sehr verwöhnen


**Seite 97:** Kaiser, Alfons: Interview mit Karl Lagerfeld in Frankfurter Allgemeine Zeitung, Frankfurt/Main, 23.3.2011

**Seite 102:** Prinz, Alois: *»Und jedem Anfang wohnt ein Zauber inne« – Die Lebensgeschichte des Hermann Hesse.* Suhrkamp Verlag, Berlin 2005, Buchtitel

**Seite 104:** Söhne Mannheims: Liedzeile aus dem Lied *Für Dich*, enthalten auf der CD *Barrikaden von Eden.* Söhne Mannheims GmbH, Mannheim, 13.5.2011

## »Das hast du nicht verdient« – Eltern in der Pubertätshölle

**Seite 121:** Willenbrock, Harald: aus dem Artikel *Vorsicht: Umbauarbeiten!*; in: GEO WISSEN, Nr. 41, Titel: *Pubertät. Auf der Suche nach dem neuen Ich.* Verlagsgruppe GEO im Verlag Gruner + Jahr AG & Co. KG, Hamburg 2008, S. 26–29

**Seite 127–131:** Holst, Evelyn: *Die Furien*; in: Brigitte Woman, Nr. 2, G + J Women New Media GmbH, Hamburg 2004, S. 74 ff.

## »Hört dieser Streit denn nie auf?« – Kinder plus Karriere, Kinder oder Karriere

**Seite 144:** Hahn, Anna Katharina: *Kürzere Tage.* Suhrkamp Verlag, Berlin 2009, S. 52

**Seite 144:** Lennon, John; Ono, Yoko: Liedzeile aus dem Lied *Beautiful Boy (Darling Boy)*, enthalten auf dem Album *Double Fantasy.* Geffen Records, New York 1980

**Seite 149:** Herman, Eva: *Das Eva-Prinzip. Für eine neue Weiblichkeit.* Goldmann Verlag, München 2007, S. 249.

**Seite 152:** Baumgarten, Silke: *Für Abgeordnete gibt's keine Elternzeit.* Interview mit Andrea Nahles auf Brigitte.de, Artikel in Brigitte, Heft 16 vom 18.11.2010, G + J Women New Media GmbH, Hamburg 2011. Siehe auch: http://www.brigitte.de/gesellschaft/politik-gesellschaft/andrea-nahles-1074936/

**Seite 153:** Aus einem Leserbrief an die Süddeutsche Zeitung, München, 27.08.2011

**Seite 154 f.:** Nicodemus, Katja: *Ich war nie mein Bild.* Interview mit Catherine Deneuve in: DIE ZEIT, Nr. 12, Zeitverlag Gerd Bucerius GmbH & Co. KG, 17.3.2011. Siehe auch http://www.zeit.de/2011/12/Interview-Deneuve/seite-5

## »Warum wir niemals aus dem Gröbsten raus sind« – Generation Praktikum oder Generation Watte

**Seite 161:** Grodstein, Lauren: *Die Freundin meines Sohnes.* Aus dem Amerikanischen von Silvia Morawetz. Klett-Cotta Verlag, deutsche Erstausgabe, Stuttgart 2011, S. 177 f.

## »Glückliche Familie? Das ist eine Illusion« – Die große Patchworklüge

**Seite 175:** Krekeler, Elmar: *Einfach eine Farce – das Buch »Die Patchwork-Lüge«*; auf: WELT ONLINE, Axel Springer AG, Berlin, 26.8.2011. Siehe: http://www.welt.de/kultur/literarischewelt/article13564397/Einfach-eine-Farce-das-Buch-Die-Patchwork-Luege.html

**Seite 175:** Tolstoi, Leo: *Anna Karenina*. Aus dem Russischen von Hermann Röhl. Erstmals erschienen bei Rütten & Loening, 1956, einer Marke der Aufbau Verlag GmbH & Co. KG, Aufbau Digital © Aufbau Verlag GmbH & Co. KG, Taschenbuchausgabe, Berlin 2008, S. 5

## »Hilfe, die Welt meiner Kinder ist mir total fremd!« – Wenn unsere Kinder uns entwachsen

**Seite 194:** Mesch, Stefan: *»Muttersein ist kein endloses Vergnügen«*, aus einem Interview mit Ayelet Waldman; auf: ZEIT ONLINE, ZEIT ONLINE GmbH, Hamburg, 18.11.2010. Siehe http://www.zeit.de/kultur/literatur/2010-11/ayelet-waldman-interview

**Seite 199:** von Randow, Gerow: *Wie sollen wir denn lieben?* Aus einem Interview mit Isabelle Huppert; in: DIE ZEIT, Nr. 38, Zeitverlag Gerd Bucerius GmbH & Co. KG, Hamburg, 15.9.2011. Siehe auch: http://www.zeit.de/2011/38/KS-Huppert-/seite-2

**Seite 200:** Holst, Evelyn: O-Ton von Oskar Holzberg aus dem Artikel *Wenn Kinder ausziehen*; auf: Brigitte Woman.de, G + J Women New Media GmbH, Hamburg, 18.6.2009. Siehe: http://woman.brigitte.de/leben-lieben/familie/wenn-kinder-ausziehen-1024715

**Seite 202:** Sting: Liedzeile aus dem Lied *If you love somebody set them free*, enthalten auf der CD *The Dream of the Blue Turtles*, A & M Records/Universal Music Publishing Group, Los Angeles/CA, 30.10.1998

## Warum wir unsere Kinder trotzdem lieben und es besser ist, keine Supermutter zu sein

**Seite 232:** Aus dem Film *Lost in Translation*, Hauptdarsteller: Bill Murray und Scarlett Johansson, Regie/Drehbuch: Sofia Coppola, Produktion: Sofia Coppola, Ross Katz, USA/Japan, 2003